识人经

冰鉴

东篱子◎编著

中国华侨出版社

·北京·

图书在版编目 (CIP) 数据

识人一本经：冰鉴 / 东篱子编著 . —北京：中国
华侨出版社，2010. 10（2025. 4 重印）
ISBN 978-7-5113-0771-2

Ⅰ . ①识… Ⅱ . ①东… Ⅲ . ①人才学－中国－清代②
冰鉴－研究 Ⅳ . ① C96

中国版本图书馆 CIP 数据核字（2010）第 200265 号

识人一本经 ：冰鉴

编　著：	东篱子	
责任编辑：	唐崇杰	
封面设计：	周　飞	
经　销：	新华书店	
开　本：	710 mm×1000 mm　1/16 开　　印张：12　　字数：137 千字	
印　刷：	三河市富华印刷包装有限公司	
版　次：	2010 年 10 月第 1 版	
印　次：	2025 年 4 月第 2 次印刷	
书　号：	ISBN 978-7-5113-0771-2	
定　价：	49.80 元	

中国华侨出版社　北京市朝阳区西坝河东里 77 号楼底商 5 号　邮编：100028
发 行 部：（010）64443051　　　　　　传　真：（010）64439708

如果发现印装质量问题，影响阅读，请与印刷厂联系调换。

前　言

　　曾国藩是中国近代史上一位叱咤风云的人物，有着谜一般的人生。他以一介儒生，昂然崛起于湘楚之间，在中国近代史上写下了不容抹杀的一笔。他持一定之规，为人、为官、为民、为国，处处体现出强大的精神感召力，成为时人推崇的末世圣人，被誉为"立德立功立言三不朽，为师为将为相一完人"。

　　那么，何谓"完人"呢？所谓"完人"，就是在人生的各个方面都做得非常成功的人。按照儒家的说法，就是道德高超、功勋卓著、著作等身。想要实现这"三不朽"，的确不是一件易事！因为它需要一个人同时具备过人的禀赋、卓绝的精神和难得的历史机遇。纵观上下五千年，天资胜于曾国藩的很多，坚韧匹于曾国藩者良多，际会比曾国藩好的也不在少数，然而真正能够将浑身解数发挥到淋漓尽致者，却罕出其右。可见，从成功的角度讲，曾国藩的确堪称"完人"。

　　曾国藩的成功，还远不止于此。在浩浩荡荡的历史长河中，德、言、行均有非凡建树者固然不多，曾国藩却也并非个例。可是能够功成而不危，圆满以终老，且无损于子孙福祉者，却寥若晨星。但曾国藩做到了。在熙熙攘攘的碌碌众生中，事业有成者，姻缘未必如意；琴瑟和谐者，家境未

必昌隆；事业家庭皆遂愿时，子女却未必称心。然而，曾国藩却无可挑剔。可见，曾国藩的确堪称巨大成功、全面成功、恒久成功的典范。曾国藩为什么能够做到如此成功呢？只有两点：一是强调自我修身，二是善于识人、用人。

首先，必须具备成功者应有的个人素质，如学识、智慧、能力、性格、心态、信念等等，以及由此而综合产生的人格魅力。唯有自身蕴藏超绝而丰富的能量，天地之间才会有你驰骋的余地。这一点，对任何一个成功者而言，都是必需的。

其次，没有哪一位英雄是单枪匹马闯天下的，成功除了自我艰苦卓绝的修为外，一个很重要的因素就是要善于识人、用人，善于尽天下英雄之力为己所用。据史书记载，曾国藩自身资质并非上上之选。他之所以能够力挽大厦于将倾，创下震古烁今的功勋，与左宗棠、李鸿章、薛福成、郭嵩焘等一大批优秀人才都曾为湘军效力密不可分。而且，善于识人、用人还可以避免为小人所中伤，为自己营造一个良好的创业环境。"良好的个人素质"与"志同道合者的舍命追随"不是分离的，而是互为因果、相辅相成的。两者共同铺就成功者坚实的道路。因此，今天我们追求成功，不妨从两方面着手：一是努力加强自身修为，二是学习如何识人。

《冰鉴》作为曾国藩一生识人心得之结晶，恰好为我们提供了这两方面的系统知识：冰鉴，取"以冰为鉴，明察秋毫"之意，就是要为读者提供一些鉴人识人的经验之谈。曾国藩的识人之术，不同于传统习俗，它重神兼之以形，重常而辨之以奇，重礼而导之以术；就相论人，就神取人；从静态中把握人的本质，从动态中观察人的归宿。

现在的社会是一个竞争激烈的社会，同时也是一个双向选择的社会。无

数的企业管理者都迫切希望物色一批优秀的人才，而这又正是曾国藩创作《冰鉴》的初衷。无数的求职者、应聘者迫切需要知道"招聘方需要怎样的人才"、"怎样的人才更易获得青睐"，《冰鉴》恰好提供了这样的信息。所以，研读《冰鉴》具有显而易见的实用价值和现实意义。

为此，我们编撰了《识人一本经：冰鉴》一书。本书在精读《冰鉴》原文的基础上，着重在识人方面将《冰鉴》的智慧提炼出来。同时，我们又在阐发议论的过程中加入了一些经典的案例，使得语言生动活泼，极具吸引力。

目　录

 神骨第一

 刚柔第二

 容貌第三

情态第四

须眉第五

声音第六

气色第七

神骨第一

《冰鉴》所言"神"、"骨"并非普通意义上的精神和骨骼，它们的内涵更广泛、更抽象。在曾国藩看来，"神"和"骨"就像两扇大门，一个人的命运信息就像深藏于内的各种宝藏物品，把这两扇门打开，人命运的轮廓就清晰可见。所以本章中曾国藩强调，了解一个人的"神"和"骨"是识人的第一要诀。

品鉴人要以神为主

原典

语云："脱谷为糠，其髓斯存"，神之谓也。

译文

古语说：把稻谷的外壳脱去，而稻谷的精华——米粒却仍然存在，其本质并未改变。这个精华，犹如人的神，即人内在的精神品性。不论人的外表如何变化，其内在的精神气质是不会改变的。

神骨为《冰鉴》之开篇，总领全书，当为全书总纲。同时也表明曾国藩本人品鉴人物以神为主，形神并重。

首先，这里的"神"并非日常所言的"精神"一词，它有比"精神"内涵广阔得多的内容，它是由人的意志、学识、个性、修养、气质、体能、才干、地位、社会阅历等多种因素构成的综合物，是人的内在精神状态。貌有美丑，肤色有黑白，但这些都不会影响"神"的外观，"神"有一种穿透力，能越过人貌的干扰而表现出来。比如人们常说"某某有

艺术家的气质"，这种气质，不会因他的发型、衣着等外貌的改变而消失。气质，是"神"的构成之一。从这里也可看出，"神"与日常所言的"精神"并不一样。

"神"并不能脱离具体的物质而独立存在，它肯定有所依附，这就是说"神"为"形"之表，"形"为"神"之依，"神"是蕴含在"形"之中的。"形"是"神"存在的基础，与"神"的外在表现紧密相关，如果"神"是光，"形"就是太阳和月亮，日月之光放射出来普照万物，但光又是深藏在日月之中的东西，它放射出来就是光。这就说明："神"藏于"形"之中，放射出来能为人所见，如光一样；"形"是"神"的藏身之处，"神"必须通过"形"来表现。日常观人时，既要由"神"观"形"，又要由"形"观"神"。

稻谷的精华是米，米蕴藏在壳内，碾壳成糠，皮去掉了，精华犹在。米未随糠去，因而"神"也不会因"形"（相貌等）的改变消失。"神"与"形"，犹如"米"与"糠"。所以说"脱谷为糠，其髓斯存"。

曾国藩开篇就引用了一个形象的比喻，其用意很明显，就是告诉大家识人不能只看表面，要形神结合、观表察里。因为只看人的表面，便对其人做出全部评价，难于得出正确的结论。如此轻易评价人，将会知错人、用错人。识人须观表察里，这里的"表"就是指人的外部表面形象；"里"就是指人的内心世界。

成大事须靠众人，尤须靠能人。靠能人须识能人，这就需要成大事者有一双识人的慧眼，能够看人所长，察人之能。

曾国藩识人的基本原则是一个"拙"字，即朴实、少心窍、不浮滑，具有踏实苦干的作风。它的内在标准要求德才兼备、以德为重，外在标

准要求有"美相"、无"恶相"两层含义。在这个基础上，曾国藩不拘一格，选拔人才。

曾国藩识人的基本方法有：观相、询事、考言，通过三者并举来考察人，识出"千里马"。

曾国藩曾以源与波、根与叶比喻德与才之间的关系："德与才不可偏重，譬之于水，德在润下，才即其载物溉田之用；譬之于木，德在曲直，才即其舟楫栋梁之用。德若水之源，才即其波澜；德若木之根，才即其枝叶。"德才兼备是其理想的人才。不过，当德才难以兼备时，曾国藩强调首先必须有"德"，宁要有德无才，也不要有才无德的人。曾国藩心目中的"德"含义很广，忠诚、勤俭、朴实、耿介、不怕死等都是。具体而言，就是政治上忠于自己的信仰与事业，能心甘情愿地为之尽心尽力；作风上质朴实在，能吃苦耐劳；精神上坚韧不拔、顽强不屈，等等，他把具备这些品德的人称为"血性男子"，推崇备至。

曾国藩是一位宣扬理学的卫道士，经常强调一个"诚"字。常以"忠"、"勤"、"不爱钱、不怕死、不恋官"等信条相标榜，死心塌地为清王朝卖命。他认为，真正的人才必须德才兼备，而才高德薄之人则绝对不可用。他又认为德的最高境界是"忠"、"诚"，对于他的部下来说，具体标准就是对其忠贞不贰。他对于因遭训斥而改换门庭的人恨之入骨，而对虽遭训斥仍忠心不二的人，往往会加倍重用。

在曾国藩所信任、提拔的众多人才之中，李鸿章被视为第一高足，曾国藩对其特别重用提拔，爱护备至。其主要原因，就在于李在对他的忠诚上有那么一股韧劲。李鸿章曾因为李元度丢失徽州一事说情，惹恼了曾国藩，而负气离开祁门老营将近一年。这期间，显要人物袁甲三、

胜保、德兴阿等人，都曾多次相邀，许以重保，但李鸿章不为所动，宁在江西赋闲。等待曾国藩心回意转，终于以其耿耿忠心和卓越才干重入曾幕。掌握四省军政大权的曾国藩，对李"特加青睐，于政治军务悉心训诺，曲尽其熏陶之能事"，使李鸿章最终竟能青出于蓝而胜于蓝。

塔齐布是与罗泽南齐名的湘军将领，姓托尔佳尔，满洲镶黄旗人。1853 年曾国藩在长沙开始练湘军时，塔齐布还只是个绿营守备，旋升用游击署参将，率兵与湘军一起操练。曾国藩每次见他早早到场，"执旗指挥，虽甚雨，矗立无惰容"。曾国藩用戚继光法训练士卒，每当检阅步卒，塔齐布都穿着短衣，腿插短刀侍立一旁。曾国藩注意到这位身材高大、面身赤红的满族军官，与之相谈，大为赞赏。及至他辖下的军中检查，见其训练精严，且能团结士卒。曾国藩退而叹息：绿营兵有这样的带兵之人已是凤毛麟角，因此更加敬佩塔齐布。但副将清德却嫉恨塔齐布的才勇，常在提督鲍起豹的面前讲塔齐布的坏话，提督也不分青红皂白，多次羞辱他。曾国藩于是上疏弹劾副将，举荐塔齐布忠勇可大用，并说：若塔齐布以后"有临阵退缩之事，即将微臣一并治罪"。塔齐布后来在湘潭之战、岳州之战、小池口之战和武昌之战等湘军前期几次大的恶战中，都表现了出众的勇敢，尤其在被称为"湘军初兴第一奇捷"的湘潭之战中立了大功而被升为提督。湘潭之战在很大程度上是关系到湘军能否崛起的一次关键战役。

塔齐布平时有愚憨、无能之态，及至战场，摩拳切齿、口流唾沫，一副好似要生吞对方的架势。尤好单骑逼近敌垒侦视虚实，几次进入危境，都转危为安。

曾国藩在识人方面值得称道的是他对新鲜事物的接受和理解。清末

国外势力在中国耀武扬威，当时的中国对此不是奴颜婢膝，就是盲目排斥，而曾国藩在这个问题上则显得十分清醒，他特别看重在通洋、经商方面颇有心计的容闳。

有了这么多的事例，再结合曾国藩关于人才的言论，我们认为他对人才的把握还是比较准确的。他认为要真正做到量才器使，首先在于如何去认识人。他指出："窃疑古人论将，神明变幻，不可方物，几于百长并集，一短难容，恐亦史册追崇之辞，初非当日预定之品。"把有一定能力或有一定成就的人誉为"百长并集，一短难容"，甚至神化，无疑是认识人才上的一种片面性。因此，"要以衡才不拘格，论事不求敬细，无因寸朽而弃达抱，无施数罟以失巨鳞"。"三年之艾，不以未病而不蓄；九畹之兰，不以无人而不芳"。金无足赤，人无完人，不可苛求全才，"不可因微瑕而弃有用之才"。他写信给弟弟说："好人实难多得，弟为留心采访。凡有一长一技者，兄断不肯轻视。"有才不用，固是浪费；大材小用，也有损于事业；小才大用，则危害事业。

为了识才，必须对人才时加考察。曾国藩说："所谓考察之法，何也？古者询事、考言，二者并重。"就是说，要对下属由内而外、神形兼顾地进行考察，而曾国藩尤其注重属下的建言。曾国藩说："若使人人建言，参互质证，岂不更为核实乎？"通过建言，上司可以收集思广益之效，也可以借此观察下属的才识程度，确实是个一箭双雕的好办法。曾国藩于道光三十年所上的广开言路的奏折中，提出了对人才的甄别，他把它归之于培养之方中。其实，甄别，就是考察。甄别的目的是"去其稂莠"。不加考察或甄别，而对那些不投在上者之所好的人才，不

加培养，不加使用，固然是对人才的浪费；而单凭在上者的爱好或印象保举和超擢，把那些口蜜腹剑、两面三刀的阴谋家和野心家当做人才来培养和使用，必会造成恶劣的政治后果。这种事例，在历史上是屡见不鲜的。正如曾国藩说："榛棘不除，则兰蕙减色；害马不去，则骐骥短气。"

曾国藩本人很注意考察人才，对于僚属的贤否，事理的原委，无不博访周咨，默识于心。据《清史稿》记载，曾国藩"第对客，注视移时不语，见者悚然，退而记其优劣，无或爽者"。而且，他阅世越深，观察越微，从相貌、言语、举止到为事、待人等方面，都在他的视线之内。

曾国藩一生能够左右逢源、绝处逢生，与他知人、识人，能在身边网罗有真才实学的朋友有很大的关系。

透过双眼看人的精神状态

 原典

一身精神，具乎两目。

原典 译文

一个人的精神状态，几乎都集中表现在两只眼睛上。

　　人们常用"双目炯炯有神"来描述一个人精力旺盛、机敏干练。"目"与"神"之间有千丝万缕的联系。按中医理论，眼睛与肝和肾是相通相连的。一个人肝有病变，从眼睛就可以看到一些征兆。如果一个人双目有神，精光暴露，熠熠生辉，表明肾气旺盛，身体状况良好，是健康的标志；反之，则表明精神状态不佳，缺乏活力，难以集中精神工作。

　　曾国藩认为，眼睛与人的感情、内心活动等都有联系。血气运行为精，透过眼睛可以准确把握人的精神世界。人的喜、怒、哀、乐、爱、恶、欲、痛等各种感受欲望，都会从眼睛中流露出来。甚至人的智愚忠奸，都能通过眼睛看出一点名堂来。

　　因此，眼睛是观察一个人各种能力、品质的窗口。"一身精神，具乎两目"，就是《冰鉴》对上述思想的一种纲领性的总结。

　　关于人的眼睛，先哲孟子也曾说过一段话，大意是这样的："观察一个人的善恶，再没有比观察他的眼睛更好的了。因为眼睛不能掩盖一个人的丑恶。心正，眼睛就明亮；不正则昏暗。听一个人说话时，注意观察他的眼睛。这个人的善恶能往哪里隐藏呢？"

　　还有人说：人在与外界事物接触的时候，他的神情集中表现在眼睛上。心正，注意力集中，眼睛就明亮；心不正，注意力分散，眼睛就昏暗。由此看来，一个人的心邪与心正是隐藏不住的。说话可以欺骗，但眼睛是不能够弄虚作假的。

　　观眼识人，就是通过观察人的眼神来识别人内心的秘密。诗人公木在《眼睛》中这样写道："婴儿的眼睛是清澈的，青年人的眼是热烈的，中年人的眼睛是严峻的，老年人的眼睛是睿智的。""眼睛是心灵的窗口，不会隐瞒更不会说谎。愤怒飞溅火花，哀伤倾泻泪雨，它给笑声镀一层

明亮的闪光。"目光是意志的体现，眼睛是心境的流露。在人际沟通中，敏锐的目光能捕捉对方的神态表情变化，洞察对方的内心世界。

一双含情脉脉的眼睛，似秋水、若明星，像一汪清泉中游动着的小蝌蚪，游来游去。在这双亮闪闪的眼睛里面，透露着灵魂深处的情与怨。

如果你静下心来，用自己的眼睛去细心地观察另外一双眼睛，你一定不难发现：这双眼睛，正是对方内心的思想和情感。人们常常将眼睛比喻为心灵之窗，这种比喻不仅具有很高的艺术性，同时也具有很强的科学性。

两个人如果是第一次见面，不用说，双方都要先将对方打量一番。打量的目光，第一个捕捉的对象就是脸，而在脸上第一个捕捉的对象，就是双方的眼睛。眼睛中的神采如何，眼光是否坦直，端正，等等，都可以反映出对方的心地、人品、德行、情感。

在生活中，你会遇到各种各样的眼睛，而从眼睛中闪烁出来的光芒，也会带着不同的寓意，流入你的眼中。实际上每一双眼睛，都在无声地叙述着心声。

躲闪对方目光的人，缺乏足够的自信心，怀有自卑感，性情懦弱。

如果是一对恋人，那么躲闪的目光则有另一种含义，表明他（她）由于倾心于对方而感到紧张或羞怯。

著名作家巴金在他的《旅途随笔·一个车夫》中写道："我借着灯光看小孩的脸，出乎我意料，那完全是一张平凡的脸，圆圆的，没有一点特征。但是当我的眼光无意地触到他的眼光时，我就禁不住大吃一惊了。这世界里存在着的一切在他的眼里都是不存在的。在那一对眼睛里我找不出一点承认任何权威的表示。我从没有见过这么骄傲，这么倔强，这么坚定的眼光。"巴金以作家特有的观察力，在无意中躲开了对方的

目光，但是又在无意识中触到了对方的眼光，这个事例说明，躲闪的目光实际上是躲而不闪、躲中有闪，闪中有情，闪中更有新意。

注视的目光，依不同的文化、不同的年龄、不同的种族与民族，是不尽相同的。比如，在我国，不大熟悉的人之间交谈，目光下垂，回避接触，是一种礼貌地表示。而在西方，则恰恰相反，会被认为是一种轻视、傲慢、不尊重的表现。

目光斜视，有两种情况：一种是中国古人所云，眸子不正则心术歪也；另一种情况是指并不相识，或不大熟悉的人之间的一种情况。

在中国古典文学名著"三言"、"二拍"的《醒世恒言·两县令竞义婚孤女》一文中，有这样一句话："眼孔浅时无大量，心田偏处有奸谋。"心田之偏，藏于脏腑，何以知之呢？在古人看来，两眼歪斜，心术不正。

在作家的笔下，对眼睛的描绘，就更为生动了。美国著名的作家杰克·伦敦在作品《一块牛排》中出色地描述过这样一个人："他简直像个野兽，而最像野兽的部分就是他那双眼睛。这双眼睛看上去昏昏欲睡，跟狮子的一样——那是一双准备战斗的眼睛。"俄国作家屠格涅夫在《春潮》中也描述过一双强者的眼睛："那双亮得几乎变白的大眼睛现出冷酷的迟钝和胜利的满足的神色。只有鹞鹰用爪撕裂一只落在它爪子中的鸟儿时，才会有这样的眼神。"

当代著名画家范曾在他的中国古代人物作品中，润绘出一双双高傲、狂放、深沉、凝重的眼睛，欣赏时，给人一种可敬可畏之感。这只大笔画出了中华民族精英的风采：威严、神圣、不可侵犯。欣赏之余，的确可以感受到一种激情，一种勃发冲击，怒吼狂奔的激情。范曾画笔下的眼睛，正是今天开放大潮中所召唤着的眼睛。

看文人的神骨

他家兼论形骸，文人先观神骨。开门见山，此为第一。

要看清一个普通人，须先看其形骸，而观"文人之相"就必须先观察他的"神骨"。所以本书"开门见山"，把"神骨"问题作为第一篇。

曾国藩对读书人极度推崇，特意将"文人"与其他人员，如工、农、兵、商区别开来，明确提出"他家兼论形骸，文人先观神骨"。

文化人，这里指儒士，有丰富的内心世界，勤学习，爱思考，比他人智邃、细腻、敏锐，也更复杂、神秘、诡奇，这样就有寒酸、邋遢、文弱等多种变化不定的复杂表象，思想行为上也深受儒、道、佛等多种文化的深刻影响。对于他们，"神"就显得特别重要。

至于文化人的"骨"与常人有多大的区别，是一个可意会而不可言传的概念，因此，"骨"与"神"相比，就有莫测高深的神秘感。"骨"的神俊丰逸与"神"有分割不开的关系。古代文化人轻视体力劳动、远离体力劳动，锻炼的机会不多，与其他人相比，文人的"骨"可能多多少少有点儿区别。

曾国藩曾在其日记中说，人的气质，是先天生成的，本身难以改变，

只有读书才可以改变一个人的气质。古时那些精通相术的人说，读书可以改变一个人的骨相。

读书是否可以改变一个人的骨相？至今还没有人证明，但有一点是可以肯定的：读书可以改变一个人。

有人自卑，因读书而自信；有人浮躁，因读书而宁静；有人轻佻，因读书而深沉。刘向就说："书犹药也，善读之，可医愚也。"说的就是有人愚鲁，因读书而明达。

曾国藩说过一句极为精辟的话："书味深者，面自粹润。"意思是说，读书体味得深的人，面容自然纯粹、滋润。这句话不是一般的人能说出来的，必须观察很多人，理解很多事，尤其是对事与事之间的关系有透彻的领悟力，才说得出来。

读书体味得深的人，一定是心志高度集中的人。他的心地单纯、洁净，一切人世间的杂事、琐事和烦心事都被他抛在九霄云外。唯一吸引他的注意力的是书中所体现出来的那种境界，这境界构成了对外物的排拒力，于是他才能够守候着自己的内心世界，修炼、陶冶或者燃烧；由于他构筑了自己的"精神家园"，因此出现在人们面前时，安静而且祥和。

由于心志高度集中，读书人的精神得到不断地积聚，精气没有一丝一毫的涣散，一天比一天充实、丰沛和完善，久而久之，在他心中便养成了一股浩然之气，这浩然之气又作用于他的身体，使他的生活有理、有序。所以，读书体味深的人，一定是身体健康的人。

读书体味得深的人，一定是淡于功名的人。要使一个读书人淡于功名，不是件容易的事情。有多少人是为了读书而读书呢？人们读书总有一个世俗的目的，甘于读书的人实在太少了。人一旦有了功名心，就难

以超脱，总是有这样或那样的烦恼与忧愁。而这种情绪对身体的损害比人们想象的还要大，他又如何能"面自粹润"呢？当然这并不是说人不能没有一点功名心，问题是要"淡"于功名，要放得开，看得远，以不影响人的心为度。

"面自粹润"，对读书人而言，是不能伪装的，必须火候已到，才能有这种体验，故意追求或操之过急只会适得其反。读书人若想达到"面自粹润"的境界，就必须有读书的硬功夫，要在读书中有真心得和大体会。

曾国藩还说："我并不希望我家世世都得富贵，但希望代代都有秀才。所谓秀才，就是读书的种子、世家的招牌、礼义的旗帜。"由此，也可得知，对于读书人，曾国藩首先看重的是学问。有了学问的成功，才会有事业及道德修养的成功。

由"神"来辨别人之邪正

原典

文人论神，有清浊之辨。清浊易辨，邪正难辨。

译文

文人在研究、观察人的"神"时，一般都把神分为清纯和愚浊两种类型。"神"的清纯与浑浊是比较容易区别的，但因为清纯又有奸邪与忠直之分，这奸邪与忠直则不容易分辨。

水有清浊之分，人有智愚贤不肖之别。古人就用"清"与"浊"来区分人的智愚贤不肖，《冰鉴》自然也会很重视"清浊"。中国古代哲学观有天人合一，人与自然同一的思想，相学的"清浊"就相当于从"人合于自然"的观点来评判人的行为举止，测知人的命运。

清，如水的清澈明澄，用在人身上，就是清纯、清朗、澄明、无杂质的状态，与人的端庄、豁达、开明风度相配，常与"秀"搭配，称为"清秀"。

浊，如水的浊重昏暗，用在人身上就是昏沉、糊涂、驳杂不纯的状态，与粗鲁、愚笨、庸俗、猥琐、鄙陋相配，常与"昏"连用，称为"昏浊"。

从这儿可以看出，清与浊是相对应的一组概念，说明人是聪明还是愚笨，智慧还是鲁钝，在评判人的命运时，清者贵，浊者贱。

邪，指奸邪；正，指忠直。一个时代有一个时代的道德标准，因而邪正观念有明显的时代特征。

另有介于正邪之间的一类人，对于这类人，应在具体的环境下去区分他（她）是奸邪还是正直，不能一概而论。

从上可知，由于"正"和"邪"都蕴藏在"清"之中，并都以"清"的面目出现，要准确地分辨它们，是一个比较困难而又富于技巧的问题。

曾国藩善于洞悉部下心理，精于驭人之术。不过，凡事都有例外，他在识才用人问题上，也有因一时眼拙，大栽跟头的时候。所以他才有

了"邪正难辨"这样的感慨。

有一次，曾国藩与几个幕僚煮酒论英雄，他问道："我与李鸿章、彭玉麟相比，孰高孰低？"

幕僚中当然不乏"九段"拍马高手，其中一位抓住机遇，抢答道："自然是曾公才德最高！"

不料，此时曾国藩觉得还是谦虚点对自己进步有好处，摆摆手说道："过誉了，过誉了。李鸿章和彭玉麟都是当今的英才，我自知不及二位。我生平稍值得赞许的，就是不爱听拍马奉承，还有那么一点儿自知之明。"

幕僚们听罢，坚决不信，继续猛拍狂拍。又有一位开腔："曾公不必客气，依我看你们三位各有所长，各有千秋，彭公威猛，人不敢欺；李公精明，人不能欺；曾公……"

这位老兄是信口开河，不料说到此突然卡壳，想不出恰当的比喻了。

曾国藩正听到兴头上，追问道："我怎么样呢？"

其他的幕僚们见状，立即脑筋急拐弯，想来个一语惊人，大讨曾国藩的欢心。无奈，脑袋忽然"停电"，就是想不出。

坐在门边的一位年轻人突然插嘴道："曾公仁德，人不忍欺！"

幕僚们一听：好棒！猛拍巴掌。

曾国藩嘴上坚持谦虚："不敢当，不敢当！"心里却早已是一片灿烂。他打量了一番那个年轻人，咦，自己怎么不认识他？于是，悄悄问身边的幕僚，此人是谁？幕僚告诉他，这个年轻人是个秀才，刚刚招来担任文书的，办事还算勤快。

曾国藩一听，频频点头，觉得此人有才华，可重用。果然，没多久，

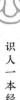
他就破格提拔这个年轻人出任扬州盐运使。

这次，曾国藩可是大跌眼镜。这个年轻人得到如此肥缺，顿时经受不住考验，抵挡不住诱惑，花天酒地挥霍不说，还一口气娶了四个姨太太，大演"妻妾成群"。朝廷派员到各地检查廉政情况，他自知纸包不住火，干脆携公款潜逃。

显然，曾国藩负有不可推卸的责任。他听说这件事后，眉头紧锁，一脸想不开。有一位幕僚不忍心，好言劝慰："这种事情是经常发生的，不必往心里去。"

曾国藩长叹道："唉，我一向慧眼识才，没想到这回栽在一个毛头小子手上。他说人不忍欺我，他不就忍心欺我了吗？"

那幕僚倒也直爽："您不是自夸不爱听拍马奉承吗？那小子是拍您的马屁，您都没听出来呀！"

这可真应了那句老话"事之至难，莫如知人"。

事之至难，莫如知人。这是宋朝诗人陆九渊的一句名言，他揭示了识人的基本情况。说明了世上的事情，再没有比识别人更难的了。

事之至难，莫如知人。原因之一在于"凡事之所以难知者，以其窜端匿迹，立私于公，倚邪正，而以胜惑人之心者也"。这就是说，识人这样的事情不易了解的原因，是由于它隐藏迹象，把私心掩盖起来而显出为公的样子，把邪恶装饰成正直的样子。人的奸恶之所以难以辨识，是由于有正直、忠诚、善良的外表做掩护。

事之至难，莫如知人。原因之二在于"人心难测"。

人心险于山川，难于知天。这就是说人的内心比险峻的高山和深邃的江河还危险，比天还难以捉摸。

事之至难，莫如知人。原因之三在于"人之难知，不在于贤不肖，而在于枉直。"识别人的难处，不在于识别贤和不肖，而在识别虚伪和诚实。人有坏人与好人之分，英雄有真英雄与假英雄之分，君子有真君子与伪君子之分。人还可以分为虚伪与诚实。有表面诚实而心藏杀机，有"大智若愚"，表面看上去是愚笨的样子，而内在里却是聪明之人；有"自作聪明"而实际是愚人；有当面是"人"，背后是"鬼"的两面派。

事之至难，莫如知人。原因之四在于"才与不才之间，似是而非也"。即指贤才与非贤才之间，似是而非，难以分辨。可以说，任贤非难，知贤为难；使能非难，知能为难。任用贤德的人并不难，识别有贤德的人才真正困难；使用有才能的人并不难，发现有才能的人才真正困难。

知人难，推举贤才也难。因为有贤才的人，在他未成才时，不为人所知，或知之者甚少，知者如无名无权也推荐不了。如果已锋芒毕露，才华超人，可能会被嫉贤妒才者所忌，不仅不肯推荐，甚至加以诽谤，诚恐其超过自己，或代己之位。而有的虽知贤也不愿推荐，这种人认为多一事不如少一事，怕推荐的人出事累及自己。故世上虽有奇才，愿推荐者少。

因此，荐贤者不仅要有知人之明，还要有荐贤之量，不嫉贤妒才，有为国家荐贤的至公之心，所以说，能荐贤才的人，其本人就是贤才。历史事实说明：正因有推荐贤才的贤才，才能出现不少闻名于世的大才，这些大才也与推荐他们的贤才的大名共同垂誉于史册。

《宋史·程元凤传》记载：宋度宗时，程元凤任少保、观文殿大学士，他荐举人才，不徇私情。有世交之子来求升官，元凤谢绝，其人累次来请求，言及先世之情，元凤说："先公畴昔相荐者，以某粗知恬退故也。

今子所求躐次，岂先大夫意哉？矧以国家官爵报私恩，某所不敢。"还有，某人曾被元凤弹劾，后见他改过，而其才可用，便推荐之，元凤说："前日之弹劾，成其才也；今日擢用，尽其力也。"

元凤选拔人才坚持原则，不应提升的，即使是有恩于己的人的儿子，也不提升，正如他所说不能"以国家官爵报私恩"。细品元凤言行，值得借鉴的有三：一、推荐和使用官吏，元凤都是出于为国的公心，不存在任何私人的成见。二、弹劾人是为保护人才，是不使其人走上邪道，使其回到正路，促其成才。三、辩证地看人。对官吏有错误则弹劾，不使其有害于国家；改正了错误，其才可用，则擢升，使其为国尽其才能。元凤如此为国保护、推荐人才，实在是大公无私的典范。

能否辨伪，与能否知人大有关系，崔群向唐宪宗提出要辨伪必须"纠之以法"，这是很有见地的主张。事见《旧唐书·宪宗本纪》：

唐宪宗对宰臣说："听受之间，大是难事。推诚选任，所谓委寄，必合尽心；乃至所行，临事不无偏党，朕临御已来，岁月斯久，虽不明不敏，然渐见物情，每于行为，务欲评审，比令学士，集前代昧政之事，为《辨谤略》，每欲披阅，以为鉴戒耳。"崔群说："无情曲直，辨之至易；稍有欺诈，审之实难。故孔子有众好众恶之论，侵润肤受之说，盖以暧昧难辨故也。若择贤而任之，待之以诚，纠之以法，则人自归公，孰敢行伪？陛下详观载籍，以广聪明，实天下幸甚！"

唐宪宗对下属的进言，认真评审其是非，但有时要辨别进言者说的善恶真伪，却感到是大难事。因此，他令学士总结前代关于这方面的经验教训，写成《辨谤略》，作为鉴戒。崔群说唐宪宗以史为鉴，是可增广聪明的，但事属暧昧，一时是难于辨别的，故孔子有众好众恶以分善

恶之论。而崔群提出的意见，比之孔子所说更能解决问题，即"择贤而任之，待之以诚，纠之以法，则人自归公，孰敢行伪"。这就是以诚待贤，如果行伪作恶，则以法处理，这样做，官必奉公守法，不敢作伪为非了。

左仆射王起频主持贡举工作，每次贡院考试完毕，都将录取的名单呈给宰相最后定夺。由于录取的人不多，宰相廷英说："主司试艺，不合取宰相与夺。比来贡举艰难，放人绝少，恐非弘访之道。"唐武宗说："贡院不会我意。不放子弟，即太过，无论子弟、寒门但取'实艺'耳。"

由于职权和取才原则没有明确规定，所以主持取才工作的王起频心中无数，恐取士有失，故呈宰相最后决定。对此，宰相廷英提出两点意见：一是录取的士人不必呈给宰相决定；二是录取的人太少了，不利于广招人才。对此，唐武宗确定了取士的原则：取士要取有"实艺"的，即有真才实学的人，不论他是贵族子弟还是出身寒门。

唐武宗确定取才的原则，负责取才者就可有所遵循。但有了原则还不能保证所取的是有"实艺"的，还要有具体的办法，不然，原则难以贯彻执行，有可能落于空谈。

俗语说："人心难测。"人心何以难测？心是指人的思想，思想是无形的，看不见，摸不着，它隐藏在人的脑海里；且思想又非固定，随着客观世界的变化而变化，所以，要摸透人的思想是不易的，故称人心难测。

照理说，思想指导人们的言行，人的思想必然在他的言行中表现出来，也就是说人的思想和他的言行应该是一致的。可是，各人表现不同，有一致的，有不一致的。其人所想与其言行一致的，这种人易知；如果其人所想的与他的言行不一致，或者他说的是一套，做的又另是一套，这种人就难知。

人们常说，"知人知面不知心"，这恐怕也道出了"人心难测"的道理。有人说不要轻易相信他人的知心话，这不是没有道理的。有的人特别是在情浓之际和说话投机的时候，总是轻信他人的知心话。对方向我吐露了真言，我又为何向人家讲假话？所以把心里的话全掏出来讲给人家听。然而，你可知道，他"真诚"地在你面前说别人的坏话，在别人面前也会"真诚"地说你的坏话。人总是在变化的，今天你是他的朋友，明天你可能又成了他的对手。是对手，他就可能利用你的知心话，特别是隐秘的话来攻击你。

所以，所谓的"心里话"往往是不可靠的。对此，最好不要轻易相信它。如果失去了这方面的警惕性，轻信了别人，就有可能上当受骗。

人们常说，知人难，知人心则更难。因为在现实生活中，有的人说的和心里想的不一样。嘴里说的不是心里想的；心里想的又不是嘴里所说的。

正如冰鉴所说人之"正邪难辨"，难辨是难辨，但并非不可辨。尽管那些奸邪小人都善于伪装，但总有些破绽可以让我们看清其嘴脸。

《三国演义》里的魏延杀了长沙太守投奔刘备，诸葛亮不仅不觉得是一件好事，反而下令把他拉出去斩首。诸葛亮之所以如此不近情义，原因就在于他看透了魏延有反骨：现在反叛太守，有朝一日也必要反叛蜀汉。果不出所料，诸葛亮一死，魏延就出了问题。

知人看交结，识人看处事。识别一个人只要看他现在的为人处世，就知道他以后会对你怎样了。

总是在你面前说别人闲话，记别人小账的人，在背后必然会说你的闲话，记你的小账。整天算计别人，和别人过不去的人，与你关系再

好，有朝一日你也很可能要被他算计。对那种别人帮了他的忙不仅不感恩，反而恩将仇报的人，无论如何对他不可发善心，否则倒霉的只能是你自己。

这些都是具有规律性的常识，我们不可不牢记在心里。

辨别贤佞是个大难题，不是三言两语就可以说清的，但从理论上讲，要辨别肯定是可以的，问题是决定于用人的人，如能以公心来对待其下属的言行，并用实践效果来检验其是否正确，贤佞自必分明。王充在他所著的《论衡·答佞篇》里，比较详细地探讨了这个问题。他以问答形式进行论证，有人问佞人和谗人有否异同之处？他答道："两者都是卑鄙的人，但表现不同，谗人是以口害人，而直言不讳；佞人以阴谋诡计害人，而隐瞒其动机。因此，谗人害人易知，佞人害人则难知。"有人质问："这么说，佞人则不能知了？"他答道："佞可知，人君不能知，庸庸之君，不能知贤；不能知贤，不能知佞。唯圣贤之人，以九德检其行，以其效考其言，行不合于九德，言不验于事效，人非贤则佞矣。夫知佞以知贤，知贤以知佞；知佞则贤智自觉，知贤则奸佞自行得。贤佞异行，考之一验；情心不同，观之一实。"他认为能知贤则能知佞，知佞则能知贤，因贤佞是对立的，否定了此方则可肯定彼方。而辨别的标准是"九德"，看其言行是否符合，并用实践效果来检验其言行，贤佞则可辨别。对此，王充在《论衡·定贤》里作了进一步的阐述：

子贡问曰："乡人皆好之，何如？"孔子曰："未可也。""乡人皆恶之，何如？"曰："未可也。不若乡人之善者好之，其不善者恶之。"夫如是，称誉多而大小皆言善者，非贤也。善人称之，恶人毁之，毁誉者半，乃可有贤。以善人所称，恶人所毁，可以智贤乎？夫如是，孔子之言可以

知贤，不知誉此人者贤也？毁此人者恶也？或时称者恶而毁者善也！人眩惑无别也。

王充是反对所谓"圣人之言皆无非"的学者，他有很多"非礼"的言论。孔子答弟子子贡关于识别贤佞的问题时，认为全乡的人都夸奖或憎恶都不能肯定其人的好坏，只有乡里的好人称赞、坏人毁谤才能辨别。王充对此提出质疑：孔子又怎能知道称赞的人是好人，毁谤的人是坏人呢？也许是称赞的人是坏人，毁谤的人是好人。显然，如果是这样，按照孔子的逻辑，辨别贤愚则适得其反，把好人视为坏人，坏人视为好人了。所以，王充认为孔子所说的话仍使人迷惑，不能辨别好人、坏人。

那么，王充辨别贤佞的办法是什么？即他前面所说的以实践效果来检验其言行。

从总体而言，小人、奸人就是那些做人、做事不走正道，采取邪恶的手段来达到自己目的的人。因此，他们的言行有一定的特点。

造谣生事，他们的造谣生事都别有目的，并不是以此为乐。

挑拨离间，为达到自己的某种目的，他们可以用离间去挑拨同事之间的感情，制造他们之间的矛盾，好从中取利。

阿谀奉承，这种人虽不一定是小人，但这种人很容易得上司所宠，而在上司面前说别人的坏话则很有杀伤力。

阳奉阴违，这种行为代表他们这种人的办事风格，因此他对你也可能表里不一。

趋炎附势，谁得势就依附谁，谁失势就抛弃谁。

踩着别人的鲜血前进，利用你为其开路，而你的牺牲他们是不在乎的。

落井下石，你如果不小心掉进井里，他会往井里扔几块石头。

推卸责任，明明自己有错却死不承认，硬要找个人来背罪。

事实上，小人的特点并不止这些，总而言之，凡是不讲法、不讲情、不讲义、不讲道德的人都带有小人的性格。

和"小人"办事要讲究以下几个原则：

保持距离，千万不要和小人过度亲近，保持淡淡的同事关系就好了，但也不要太过于疏远，好像不把他们放在眼里似的，否则他们会这样想："你有什么了不起的？"接着你就该倒霉了。

不得罪，一般而言，小人比"君子"更敏感，心理也比较自卑，因此，千万不要在言语上刺激他们，也不要在利益上得罪他们，那只会害了你自己！自古以来，君子往往斗不过小人，因此，小人为恶，让有力量的人去处理吧！

小心说话，说些"今天天气不错"的话就可以了，假如谈了别人的隐私，谈了他人的不是，或是发了某些牢骚不平，这些话绝对会变成他们兴风作浪和有必要整你时的资料。

吃些小亏，小人有时也会因无心之过而伤害到你，假如是小亏就算了，因为你找他们不但讨不到公道，反而会结下更大的仇。

不要有利益瓜葛，小人经常成群结党，霸占利益，形成势力，你千万不要靠他们来获得利益，因为你一旦得到利益，他们必会要求相当的回报，甚至黏住你就不放，想脱身都不可能。

并不是说做到了以上几点，你与同事中的小人就彼此相安无事了，但至少你可以把小人对自己的伤害降至最低。

通过动静的两种状态来考察人

原典

欲辨邪正，先观动静。

译文

要考察一个人是奸邪还是忠直，应先看他处于动静两种状态下的表现。

动与静是一组重要的哲学概念，在哲学中，动与静是互相对立的动态术语，是在事物的变化中去观察、分析、解决问题的带有辩证性的方法。

动与静的结合，是中国古代哲学方法论的一个显著特点，具有一定的辩证思想和科学性。这是传统神秘文化中其他学科所没有的一个特点。静态判断，必然会有失偏颇，走到形而上学的孤立静止立场，不利于全面、正确地观察事物。动静结合，则能提高评判的正确性。

曾国藩善于识人、用贤的一些根据性判断，往往是静态判断，如"六府高强，一生富足"；一些具体性判断，往往是动态判断，如"气浊神枯，必是贫穷之汉"；而如"两目无神，纵鼻梁高而命亦促"，则是二者的结合。

另外，人的行为举止、情态姿容，亦有动与静之别，上述两种判断，有时就是对比做出的。前面已经说过，"动"与"静"是事物运动变化的状态。事物的真相和本质，最容易在运动中流露出来，特别是在一些重要关头，最能见人真心。"静"虽然是稳定状态，但这种稳定是相对的，

它处于其先其后的两"动"之中，在由"动"到"静"再由"静"到"动"的变化中，它仍呈动态。所以通过"动"能够看到事物的真相和本质，通过"静"也能够看到事物的真相和本质。

曾国藩一生阅人无数，他深知，绝不能片面地衡量人才的能力和水平，从不同的角度、不同的立场，"动"、"静"结合，辩证地去看，效果会更好。

在封建时代，人才的选拔、任用很讲究出身、资历。曾国藩就打破资格限制，把具有真才实学而品德好的人破格提拔，让其担当重任。湘军中一些重要战将就是由他破格提拔上来的。每到一地，曾国藩即广为寻访，延揽当地人才，在江西、皖南、直隶等地都曾这样做过。他的幕僚中如王必达、程鸿诏、陈艾等人都是通过这种方法求得的。与捻军作战期间，曾国藩在其所出"告示"中还特别列有"询访英贤"一条，以布告远近："惟徐一路自古多英杰之士，山左中州亦为伟人所萃。""本部堂久历行间，求贤若渴，如有救时之策，出众之技，均准来营自行呈明，察酌录用。""如有荐举贤才者，除赏银外，酌予保奖。借一方之人才，平一方之寇乱，生民或有苏息之日。"在直隶总督任内，为广加延访，以改当地土风，曾国藩除专拟《劝学篇示直隶士子》一文广为散布外，还将人才"略分三科，令州县举报送省，其佳者以时接见，殷勤奖诱"。曾国藩兴办洋务的得力干将薛福成，就是通过这种不拘一格的求贤方式进入曾氏幕府的。

曾国藩深知，所谓人才，都各有各的脾性特征，在衡量他们能力的时候，一定要不拘一格，全方位多角度地透视，片面地看人只能让优秀的人才和自己擦肩而过。这一点很值得后世用人者深思。

多角度透视，就是遇到某些常见的现象后，不要仅用一种思维而停留在常规的层面上，而是要多方位地去探究问题。当牛顿看到苹果从树上落下时，他想，为何苹果会向地上落，而不向天上去呢？他从相反的角度来思考这个问题，最终发现了地球的吸引力。

知人、识人者在认识别人的时候也是这个道理，既要从历史的角度看待别人，也要从现实的角度衡量别人；既要善于从正面的角度去思考问题，也要善于从相反的角度去思考问题；既要从品德、才干、行为的角度去考察别人，也要从气质、喜好的角度去衡量别人；既要考察别人的个体素质，也要考察别人在群体与组织中的种种行为表现。做到这些，才能判断和识别其真实的能力。

多态势透视，也就说把考察的对象放在相对静止的状态下，考察之后，还要放在动态中加以研究。比如，汽车是在静止状态下制造出来的，而后必须进行动态的检查，还要跑磨合路程，以便在"动"中发现问题。有些人考察别人常常只注意"静态"，而忽视其发展的变化及周围环境对其的影响度，因而具有盲目性。换言之，多态势透视也就是要用发展的眼光去识别他人。

世界万物都处于无休止的运动、发展、变化中，人也不例外。随着主、客观条件的改变，人的思想、知识、品德、才能也跟着不断改变；所以，要知人，必须在发展中观察人，在变化中识人，尤其要看到人们的发展前途，善于从发展变化中看清别人。

古语说，士别三日，则当刮目相看。也就是说，人是在不断改变的，假如用静止、孤立的观点去识人，会把活人看成"死人"。只有在发展中识人，才能真正做到知人善任。

　　人才一般具有三种状态，即萌芽状态、含苞欲放状态与才华显露状态。知人者及时发现处于含苞欲放状态和才华显露状态的人才当然很好，但是，最难能可贵的是"伯乐相马"，当马没有被人发现是千里马，甚至拴在槽头骨瘦如柴无人一顾的时候，能从马的筋骨等方面发现是千里马一样，能够发现处于萌芽状态，尚未被人认识甚至处于"低谷"中的人才。

　　坚持用发展的观点看人，就要注意不能用孤立的、静止的观点把人看扁、看死。要知道，一个人的优点、缺点，长处、短处，都是相比较而言的。在一定条件下，长处会转化为短处，优点可以变为缺点；相反也是如此。比如，工作大胆泼辣是优点，但是，不顾主客观条件的一味大胆，就会变成盲目蛮干；谨小慎微是缺点，但只要注意不在小事上纠缠，这样谨慎一点，就会变为优点。当然每个人的情况不同，发生转化的客观条件也不尽一样，对此，不仅要坚持具体问题具体分析，而且要有由量到质的基本估计。

　　在了解一个人的时候，不但要考察表面现象的浅层次，更要考察内在实质的深层次。这里有一个九方皋相马的故事。

　　春秋时，秦穆公请相马专家伯乐推荐他的继承人，伯乐推荐了九方皋，秦穆公很欣然地接受了。在九方皋访求良马三个月后，果然找到了一匹理想中的良马。秦穆公问他是怎样的一匹马，他说是一匹黄色的母马。等牵来马，秦穆公一看，却是一匹黑色的公马。秦穆公很不满意，把伯乐找来，说："你介绍的那位相马专家，连马的毛色和公、母都不能分辨清，哪里还能相什么良马啊！"伯乐问明缘由之后，不禁大为赞叹："九方皋能不照搬书上的条文，真比我高明千万倍啊！他所注意的是根本的东西，能抓住内在的实质，忽略表面的外形；只看他需要的，

而不看他不必看的，像九方皋这样观察事物的方法实在有着比相马更重大的意义！"伯乐把马牵来一看，果然是一匹天下难得的千里马。当然，九方皋连马的毛色和公母这一表面上的东西都认不清，这并不是什么好事，但是，他那看马注意看本质的观察方法是值得称道的。

在现象和本质这对范畴中，现象是浅层次的东西，本质是深层次的东西；现象是本质的具体表现，本质是现象的根据。只有通过现象这个浅层次，才能抓住深层次的本质。

在考察人的时候，既要看现象，又要看本质；既要看一个人的支流，又要看一个人的主流。要善于抓住本质和主流这样深层次的东西去衡量一个人，这样才能保证知人、识人的准确性。

从人的眼神中识人

原典

静若萤光，动若流水，尖巧而喜淫；静若半睡，动若鹿骇，别人而深思。一为败器，一为隐流，均之托迹于清，不可不辨。

译文

安静时，目光像萤火虫一样闪烁不定；行动时，目光像流水一样游移不定。以上两种神情一则善于掩饰，一则奸诈在内心萌动。安静时，

两眼似睡非睡，似醉非醉，是一种深谋远虑的神情；行动时，两眼像鹿一样惊恐不定。以上两种，一则是指有智有能而不循正道之人，一则是指深谋图巧又怕被人窥见的神情。具有前两种神情者是有瑕疵之辈，具有后两种神情者是含而不发之徒。都属于"邪"，但都混杂在清明的神情内，是必须辨别清楚的。

《冰鉴》不止一次提到观人眼睛的技巧，足见曾国藩在识人过程中对人眼睛的重视。在这里，曾国藩重点介绍了从人的眼神中识人。

当然，在现实生活中，人的眼神有很多种，除了曾国藩所言的几种眼神，我们再做几点补充。

眼珠转动迟缓的人，身体五官感觉迟钝，感情起伏少，不受他人影响，对自己的生活方式没有协调。

目光闪烁不定的人缺少对事情深思的能力，是浮躁的冲动派，很少被信任，有撒谎的倾向。

目光着点不定的人，多处于精神不安定的状态，在内心深处有怨怒之气，心情不稳定且焦躁不安。

眼睛往上吊，心里藏着不可告人的秘密，性格消极，不敢正视对方。

眼睛往下垂，有轻蔑对方之意，要不然就是不关心对方的情形。

眼珠转动快速，说明第六感官敏锐，能快速看穿人心；反之，容易受人影响。这种人特立独行，属情绪化的性格。

正视，代表庄重；斜视，代表轻蔑；仰视，代表思索；俯视，代表羞涩；闭目，思考或不耐烦；目光游离，代表焦急或不感兴趣；瞳孔放大，表示兴奋、积极；瞳孔收缩，表示生气、消极。

由气节识人

凡精神，抖擞处易见，断续处难见。断者出处断，续者闭处续。

一般来说，观察识别人的精神状态，在关键时刻是比较容易识别的，而在风平浪静的时候，如果是有意掩饰，这样一来就比较难于识别了。在关键时刻精神不足，即便故作振作并表现于外，但其本质是掩盖不了的。而精神有余，由于它是自然流露并蕴含于内，自然是其本色。

曾国藩一生都在宦海中沉浮，太多的风风雨雨使他对人性的把握可以说到了炉火纯青的境界，他深知，一个人不管他在平时如何掩饰，一旦到了关键时候，他所有的一切都会"自然流露"出来。所谓"患难见真情"、"关键时刻见人心"说的就是这个道理。

正如古人所言"告之以危而观其节"，这是识人良方之一。就是说，在识人时，告诉给所识的对象出现了危难的情况让其处置，从其处理危难的情况来观察他的节操。节操，即气节情操，就是一个人在关键时刻和重大原则问题上表现出来的政治立场和道德方面的坚定性。我们中华民族历来就有"宁为玉碎，不为瓦全"、"粉身碎骨全不怕，要留清白在人间"的传统美德。两千多年以前，中国古代思想家孟轲就说过：富贵

不能淫，贫贱不能移，威武不能屈。这句至理名言，已成为千百年来无数仁人志士立身做人的准则。

每个国家都有自己的国格，每个人也都有自己的人格。国格是一个国家的荣誉、尊严和品格的总和；人格则是做人的资格和为人的品格总和。国格和人格是紧密联系在一起的。在对外交往中，能不能做到不卑不亢，也是衡量一个人有无中国人气节的重要尺度。

古人讲得好："将受命之日则忘其家，临军约束则忘其亲，抱鼓之急则忘其身。"无数仁人志士，为了民族的利益，为了国家的利益，为了人民的利益，在国家处于危难之时，总是挺身而出，迎着困难上，经受住各种苦难的磨炼，顶狂风战恶浪，舍生取义去奋斗，去拼搏，生为人民而战，死为人民而献身，这就是中华儿女的民族气节，这就是中国人的情操。

表现在人生道德情操方面，就是思想情感的正义性——勇于坚持真理，凛然伸张正义，绝不献媚取宠，始终正大光明，保持高风亮节，珍重人格、国格。我国历史上许多仁人志士在自己言行中表现出可贵的节操。他们或者"不为五斗米折腰"，或者"生当作人杰，死亦为鬼雄"，或者"粉身碎骨全不怕，要留清白在人间"。许多英雄人物在反压迫、反侵略斗争中所表现出来的"中华民族不可侮"、"中国人民不可欺"的高尚节操，作为璀璨的民族精神代代相传，至今激励着人们。

范仲淹用人，多取气节而略细故，如孙盛敏、腾达道，都是他平日重用的人。他任陕西河东宣抚使兼陕西四路安抚使时，开设幕府，选用幕僚，多用因罪降职而还没有复职的人。有人怀疑他如此用人是否适当，范仲淹说："人有才能而无过失，朝廷自用之。若其实有可用之才，不

幸陷于吏议，不因事起之，遂废人矣。"因此，范仲淹所用的人，大多有真才实学。（李贽《初课集·铨选诸巨》）

气节中人必然赏识气节中人：

范仲淹曾以直言三贬，三起三落而不改其志，他为国为民，敢言敢谏，始终如一。他先忧后乐的精神、仁人志士的节操，对时人后人的影响都很大。正因范仲淹重气节，其用人必然是多取有气节的人。这些人大都是敢于直言而得罪当权者，因而"不幸陷于吏议"，且这些正直之士，大多是有真才实学者，他们被降职不用，实是国家的损失。因此，范仲淹在他为边帅掌握实权时，力之所及，任用他们为国效力。也使贤才不致埋没成为废人。

事实证明，范仲淹善于知贤才，他任边帅期间因用得其人，边境无虞，西夏不敢入侵；而经他荐拔的大批学者，为宋代学术鼎盛奠定了基础。

总之，作为用人者，在关键时刻你总能发现一两个让你眼前一亮的人，气节如是，其他方面也是如此，所以有必要充分把握好时机，趁此全面地看清下属的真实面目和才能。

（1）失败时看人本领

马谡是诸葛亮手下的大将，司马懿举兵进攻街亭，马谡立功心切，立下军令状，但他的想法并未如愿。街亭失守，打乱了诸葛亮出祁山的计划，马谡没能立功，而同去的赵云、邓芝却表现甚好，没有损兵折将，还保证了军资什物的安全。孔明亲自率领诸将出迎，见到赵云说："是吾不识贤愚，以致如此！各处兵将败损，唯子龙不折一人一骑，何也？"邓芝回答说："某引兵先行，子龙独自断后，斩将立功，敌人惊怕，因

此军资什物，不曾遗弃。"孔明夸奖道："真将军也！"还赏赐赵云50斤金子，取绢一万匹赏给赵云的部卒。赵云推辞不受，孔明更是倍加钦敬，叹道："先帝在日，常称子龙之德，今果如此！"一个伤了孔明的心，一个赢得了孔明的赏识和敬佩，所以，对于关键时刻的表现，有很多经验值得总结。

（2）关键时看人勇气

毛遂自荐随平原君到楚国谈判合作的军国大事，平原君与楚王谈了大半天也没结果，主要是楚王有些顾虑，决意不下。眼看谈判要以失败告终，随行的其他十九个人都一致动员毛遂上，考验他的时候来了。毛遂鼓足勇气，按剑历阶而上，问平原君："从之利害，两言而决耳。今日出而言从，日中不决，何也？"楚王得知毛遂是平原君的幕僚后大怒道："胡不下！吾乃与而君言，汝何为者也！"毛遂受辱但毫不胆怯，提剑逼近楚王，以三寸不烂之舌说服了楚王，平原君出使楚国的大功告成。这一次出使楚国，使平原君认识了毛遂的价值，把毛遂作为上客看待。

（3）失意时看人忠诚

对于那些英明能干、胸有大志的领导，即使是他处于厄运之中，下属也应忠诚地追随他。

西汉末年，群雄争霸，刘秀亦是其一。刘秀创业伊始，势单力薄，往往是东躲西避以求生存，在南徙北移中损兵折将甚多。随从见他失利落魄，多斩断跟随多年之情谊，另谋高就，左右人员相继离去，在此困境中，唯有一位叫王霸的人深知刘秀为人贤明，日后必成大器，于是便与手下心腹之士不畏艰难挫折，忠贞地追随刘秀。刘秀深为感动，说："颍川从我者皆去，而子独留努力，疾风知劲草。"由此，刘秀以王霸忠

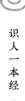
而委以重任。王亦不辱使命，征杀疆场屡立奇功，刘秀平定天下后，王霸则被封为淮陵侯，位列开国"云台二十八将"之一，成为光武中兴的鼎力重臣。

（4）危急时看人决断

汉朝初期，汉高祖刘邦派樊哙以相国名义带兵去平定谋反的燕王卢绾。发兵之后，有人揭发樊哙在刘邦生病时，与吕后勾结，等刘邦一死，就要把戚夫人一家杀绝。刘邦很生气，就派陈平骑马去传达命令，让周勃代樊哙指挥军队，并立即在军中把樊哙斩首。

陈平接受任务后，私下里同周勃商量说："樊哙是功臣，又是吕后的妹夫。皇上只是一时恼怒，想杀掉他。但是皇上已经病重，未来是什么情况，并不明白。所以还是不把樊哙马上斩首，只是把他押回来让皇上自己下命令杀掉为好。"周勃也同意这样做。

后来，在押送樊哙回京的路上，陈平听到刘邦去世的消息。他急忙赶回向吕后报告逮捕樊哙的经过，吕后叫他把樊哙放了。因为他没有照刘邦的旨意杀死樊哙，所以吕后还是相信他，又让他做太子的老师。

"收拾入门"观其神

 原典

道家所谓"收拾入门"之说，不了处看其脱略，做了处看其针线。

译文

道家有所谓"收拾入门"之说，用于观"神"，要领是：在行动时要看他潇洒豪放的气概和胸怀有几分真、几分假、几分做作、几分自然、几分深浅；在静心安坐时要看他的细致周密、平心静气的状态。

一个人有多大的作为跟他的胸怀和抱负有直接的关系，修养深厚、抱负远大、德才兼备之人必有大成就，值得委以重任；小肚鸡肠、畏畏缩缩之人是不会有什么大出息的，最好敬而远之。

总结曾国藩识人用人的经验，我们可以发现，能人贤者尽管有多种定义，但不外乎三方面的标准：有远大的抱负和志向，有崇高的修养和德行，有过人的才华和能力。这三者相辅相成，是能人贤者们必备的"硬"指标，可以说是"一个都不能少"。

那么，首先，如何了解一个人的抱负和志向，可以从下列三个方面入手：

其一，识人贫贱知其志向。

陈胜出身农民，家境很穷，少年时代就以帮人耕作为生。但他人穷志大，很想有所作为。他常常感叹人世，有时惆怅，有时慷慨激昂。有一次，他在劳动休息时，坐在田埂上默默长思，突然自言自语地说："倘若有朝一日我发了，成为富贵的人，我将不忘记穷兄弟们。"与他一起劳作的佃农们听后都不以为然，并笑话他说："你一个帮人干活的农夫，何来富贵之谈？无非是说大话而已。"陈胜对于大家的取笑十分遗憾，深有所感地说道："嗟乎！燕雀安知鸿鹄之志战！"有志者终成大事，不

久，陈胜便以自己的实际行动，向人们证实了他的豪言壮语，不是他说大话，而是他的宏愿和决心的表达。

其二，识人壮伟知其抱负。

古人说：察人之忠奸邪正，只可求之于风骨，不可求之于言辞；可求之于细行，不可求之于诗文。又说：三岁看老，小处看大。

汉高祖刘邦从青少年起就不爱劳动，好说"大言"，而他逃避劳动的方式就是设法出人头地，成为一个出类拔萃的人，而当他一见到秦始皇出行这样威武壮观的场面，心中的理想图像便豁然开朗，他明确认识到，他的人生价值就是成为一个如秦始皇一样的"大丈夫"！可见在刘邦观看秦始皇出行的一瞬间，就明确了他人生的理想模式。

其三，识人危难知其韬略。

宋代宰相韩琦以品性端庄著称，遵循着"得饶人处且饶人"的生活准则，从来不曾因为有胆量而被人称许过，但情急之下，所表现出的内圣神通，却没有人能比拟。当宋英宗刚死的时候，朝臣急忙召太子进宫，太子还没到，英宗的手又动了一下，大家吓了一跳，急忙告诉韩琦，想阻止召太子进宫。但韩琦拒绝说："先帝要是再活过来，就是一位太上皇。"他当机立断催促人们急召太子，从而避免了权力之争。

朝中大臣任守忠是个奸邪之人，他反复无常，秘密探听东西宫的情况，在皇帝和太后间进行离间。韩琦再次当机立断，用未经中书省直接下达的文书把任守忠传来，让他站在庭中，指责他说："你的罪过应当判死刑，现在贬官为蕲州团练副使，由蕲州安置。"说着韩琦拿着空头敕书填写上，派使臣当天就把任守忠押走了。

这样，韩琦轻易除去了"蠹虫"，而仍然不失忠厚。表现出一种人

生的最高修养。

再说看人的才与德。

古人指出，看一个人的才能要分三个阶段，当其幼小时聪敏而又好学，当其壮年时勇猛而又不屈，当其衰老时德高而能谦逊待人，有了这三条，来安定天下，又有什么难处呢？

看一个人在社会上的作为，也应该有这样的标准，如果有才能而又以正直为其立身之本，必然会以其才能而为天下大治作出贡献；如果有才能却以奸伪为立身之本，将会由于其担任官职而造成社会混乱，可见有才还须有德，才能造福社会，否则就会祸及黎民，造成大乱。

判断一个正直的臣子的标准是不结党营私。看一个人的才能就要看事情是否办得成功。看人不能仅仅只看其主观意愿，还要看其才干和谋略如何。在战场上驰骋过的骏马，虽然拴在食槽上，但一听见催征的鼓角声仍然会嘶叫；久经沙场的老将虽然回还家门，但仍然能够料定战争的形势。

只要是有才能的人，在社会上他的才能便会很快表现出来，就像锥子放在口袋里，它的锋尖会立刻显露出来一样。有才能的人不会长期默默无闻。

贤德之人对有些事是不会做的，可以任用而不必怀疑。能干之人是什么事都会干的，可以任用却难以驾驭。由此可知，贤者与能者是有区别的。

自古以来，明智的用人者都知道，所谓"贤者"，应以"德"为先，德才兼备。

诸葛亮以其"隆中策"预见天下三分，显示其大才；以其"鞠躬尽痊"尽忠汉室，显示其大德。其人如此，其择官也以德才兼备为准则。

诸葛亮第一次北伐向刘禅上疏，即《前出师表》，说："亲贤臣，远小人，此先汉所以兴隆也；亲小人，远贤臣，此后汉所以倾颓也。先帝在时，每与臣论此事，未尝不叹息痛恨于桓、灵也。"桓帝、灵帝是东汉末年的皇帝，先后兴起第一次、第二次"党锢之祸"，杀戮敢于直言的李膺等贤臣；二人都信任宦官，使宦官得专政，朝政腐败。桓帝封单超等五宦官为侯，任其专横胡为。灵帝公开标价卖官，敛财私藏，上梁不正下梁歪，贪污风盛，民不聊生，致使社会动荡不安，终于激起黄巾造反。之后群雄攻战，从而形成三国鼎立的局面。诸葛亮上《前出师表》时，刘备已去世，由他执政辅佐刘禅，故在出征前总结了先汉与后汉兴亡的经验教训，谆谆告诫刘禅，不要学桓、灵二帝"亲小人，远贤臣"，要学先汉"亲贤臣，远小人"，才能使蜀国兴隆，以复兴汉室。

诸葛亮还在《便宜十六策》里指出："治国之道，务在举贤。若夫国危不治，民不安居，此失贤之过也。夫失贤而不危，得贤而不安，未之有也。"因此，诸葛亮在治理蜀国时特别重视选拔德才兼备之士。

诸葛亮推荐董允为侍中，领虎贲中郎将，统宿卫重兵，负责宫中之事。刘禅常欲增加后宫嫔妃，董允认为古时天子后妃之数不超过十二人，今已足数，不应增加。刘禅宠爱宦官黄皓，黄皓为人奸佞，想干预政事，董允上则正色匡主，下则数责黄皓，董允在时，黄皓不敢胡为。

蒋琬、费祎、姜维都是诸葛亮精心选拔为他理政、治军的接班人。蒋琬入蜀初期任于都县长，刘备下去巡视，适见蒋琬饮醉，不理事，大怒，要杀他。诸葛亮深知其人，为之说情："蒋琬，社稷之器，非百里之才也。其为政以安民为本，不以修饰为先，愿主公重加察之。"刘备

敬重诸葛亮，听其言，才不加罪。后诸葛亮提拔蒋琬为丞相府长史，诸葛亮每次出征，蒋琬都足食足兵以相供给。诸葛亮常赞琬为人"忠雅"，可与他辅佐蜀汉王业。诸葛亮死前，密表刘禅："臣若不幸，后事宜以付琬。"诸葛亮死，蒋琬执政，其人大公无私，胸怀广阔，能团结人，明知时势，做到国治民安。蒋琬病，荐费祎代之，费祎为人明断事，善理事，知军事，他在任时边境地虞，魏人不敢正窥西蜀。姜维继诸葛亮复兴汉室之志，屡次北伐，虽无大胜，但魏兵也不能侵入。及司马昭派大军伐蜀，刘禅昏庸不听姜维派兵扼守阴平之议，邓艾得以偷渡而直捣成都，刘禅出降，并令姜维降，姜维想假降待机杀钟会以复兴蜀汉，其夙愿虽不实现，足见其忠烈。

刘备死后，有诸葛亮及其后继者蒋琬、费祎、姜维等辅佐，刘禅这昏庸之主才得安坐帝位达四十一年之久。而曹操死后，其子曹丕篡汉，魏立国虽有四十五年，但早在前十七年司马懿就发动政变夺取曹爽的军权，魏政权已归司马氏，魏已名存实亡，魏政权存在实际只有二十八年。孙权死后，孙亮被立为吴帝，内部不和，国势日弱遂被晋灭，孙权后人掌权只有二十七年。三国相比，蜀汉政权较稳固，无内部互相倾轧、争权夺利之事，这是因有德才兼备之臣辅佐之故。

所以说，无论什么时候，识人、用人都要坚持德才兼备这一标准。那么，在德与才之间，哪个更重要呢？按照大家熟知的说法，德与才是统帅与被统帅的关系，两者都很重要，但德尤为重要。司马光认为："取士之道，当以德为先，其次经术，其次政中，其次艺能。"在他看来，选用人才的原则，应当把德行的考核放在首位，然后是经术，然后是政事，再就是艺能。这反映了司马光选用人才的思想，把德行放在第一位。

　　唐代杜佑也认为："若以德行为先，才艺为末，必敦德励行，以仁甲科，岂舒俊才，没而不齿，陈蹇长者，拔而用之，则多上雷奔，四方风动。"这就是说，如果以品质节操为首要，以才能技巧为其次，选用人才，必定会使人们加强修养，勤奋学习，以仁立于科举最优之列，怎么会使俊杰之才迟迟不能发挥作用、受到埋没而不被录用呢？通过排列比较这些人才，选取拔尖的人加以任用，一定会使许多人才受到震动，而被吸引，从四面八方来响应。这里主要是强调以德行为科举取人之本，认为取人才艺为次之。

　　识人观人以德为先，次之才学。就是要防止重才而轻德的现象出现。有才而缺德，这样的人只能是奸才、歪才、邪才、刁才。当然，只有德而没有才也不是我们所需要的人才，缺才有德的人，是忠厚人、老实人、辛苦人、正派人，但才气没有了，这样的人是好人，但不是我们所需要的人才。

　　按照人才学的基本原理，在处理和看待德与才的关系时，任何机械的、僵化的观点和行为都是十分有害的，必须运用科学的、辩证的观点和方法，对德与才的关系，做出实事求是的新的阐释。

　　人才的标准有三，一曰德，二曰量，三曰才。所谓德者，刚健无私，忠贞自守，非庸庸碌碌，无毁无誉而已。所谓量者，能受善言，能容贤才，非包藏隐忍，持禄保位而已。所谓才者，奋发有为，应变无穷，非小慧辩捷，圆熟案牍而已。备此三者，然合胜股肱之任。在通常的情况下，我们强调德应重于才，但在这前提下，又要注重量与才的问题，坚持德、量、才三者的统一，符合这三条标准才能担当重任。

　　要评估人，无非德才两者。德的内涵包括个人品质、伦理道德、政

治品德；才指才智、才干、才华，等等。人才的形成是靠知识和经验的积累，德才兼备的人的成长需要不断地学习和实践。

要发现人才，主要是根据其德才的表现，但要认识人，则需要时间的考验。如人的政治品质，平时难以看出什么问题，在非常时期则好坏分明，古代的忠臣义士大都是在危难时刻涌现的，所以，有人将之总结成一句格言：疾风知劲草，板荡识忠臣。才能也需要考验，有些人能说会道，在实干时却很窝囊；有些人平时默默无闻，但在实践中却才能毕露。

用人以德才兼备最好，但在大量需要人才的时候，只能以掌握现有的人才资料，按其德才而任用。古代英明之主驾驭人才，是待之以诚，纠之以法，赏功罚罪，使之向上，不敢为非，这是爱护、培养、发展人才的根本法则，至今仍很值得借鉴。

识人须以德才兼备为标准，就是说，要知其人，必须考察其德才，而以德为其灵魂，重在其实践。

强调德才兼备。周朝吕尚在《六韬·龙韬·论将》中讲道：将有五才，"勇、智、仁、信、忠也。"更进一步解释为："勇则不可犯，智则不可乱，仁则爱人，信则不欺，忠则无二心。"

春秋初期管仲在《立政》篇中说："君之所审者三：一曰德不当其位，二曰功不当其禄，三曰能不当其官，此三本者，治乱之源也。"就是说，朝廷选拔人才，需要审慎地掌握三个条件：一是道德品质是否与他所处的地位相称；二是功劳是否与他所享受的薪金待遇相称；三是才能是否与他所担任的官职相称。"德、功、才"是三个根本性的问题，也是我国古代比较早、比较全面的人才标准。

孙武说："将者，智、信、仁、勇、严也。"东汉王符在谈到军事将才时说："将者，智也，仁也，敬也，信也，勇也，严也。是故智以折敌，仁以附众，敬以招贤，信以必赏，勇以益气，严以一令。"在古代人才思想史上影响比较大的是曹操提出的"德、识、才、学、体"五者皆备的思想。

三国时的刘劭著的《人物志》是中国古代思想史上保留下来的最完备的人才专著。在这部著作中，刘劭把人分为"兼德、兼材、偏材"三类，即德行高尚者、德才兼备者与才高德下者三类。他明确推崇德才兼备的人是最高尚的。

对德才关系做了较为全面、较为精辟论证的，是宋朝的司马光。他明确指出："才者，德之资也；德者，才之帅也。"就是说，德与才是不能分开的，德靠才来发挥，才靠德来统帅。从德和才两个方面出发，司马光把人分为四种：德才兼备为圣人，德才兼亡为愚人，德胜才为君子，才胜德为小人。在用人时，如果没有圣人和君子，那么与其得小人，不如得愚人。因为"君子挟才以为善，小人挟才以为恶，而愚者虽欲为不善，但智不能周，力不能胜。"这就是说，有才而缺德的人是最危险的人物，比无才无德还要坏。司马光还说，人们往往只看到人的才，而忽视了德。自古以来，国之乱臣，家之败子，都是才有余而德不足。司马光是封建社会的思想家，自然有他的思想局限性，但是就德才关系本身的分析来看，论述比较深刻，有重要的历史学术价值。

周密细致的人可重用

原典

小心者，从其不了处看之，疏节阔目，若不经意，所谓脱略也。

译文

对于小心谨慎的人，要从做事之前就有意考察他，如果表面是小心谨慎之人，在做事的过程中却处处表现得粗枝大叶，仿佛是由于疏忽造成的损失。这些表面细致，实质上粗心欠周密的人，是不能重用的。

曾国藩认为，无论什么样的人才，只有具备了周密细致的性格，才能走得稳、走得远。想要有所建树的人，在做事的过程中，千万不要看不上那些简单的事情，不要忽略那些被他人认为很容易的细节和细致的工作。一个人能够把简单的事情做到位，这就是不简单。大家都认为很容易的事，假如你能认真严谨地做好，这就是不容易。

一个人的性格是在生活中逐渐形成的，正所谓"不积跬步，无以至千里"。每个人平时的一言一行都会形成习惯，好的素质不是一天养成的，需要不断地积累，细节体现着人的综合素质，更能体现一个人的性格。有时看似简单的一件事，却可以反映出不同的人、不同的态度及其性格。

一个性格严谨细致的人，总会考虑应该怎么做，要怎么做才能把事情做得令人满意。注重细节，做出来的事情也一定能抓住人心，虽然一时也许无法引起人的注意，但久而久之，这种态度形成习惯后，一定会给你带来巨大的收益。

中国向来不缺少雄才大略的战略家，缺少的是精益求精的执行者；不缺少各类管理制度，缺少的是对规章条款不折不扣地执行。不注意细节的决策和施行必将导致悲剧的上演。细节中潜藏的机遇既可以将你送入天堂，也可以将你引入地狱。有的人因注意细节而崛起，有的人因忽视细节而落败。

一家大型企业的人事部要招一名资源管理部主管，招聘当日，现场人满为患，地上散落的废纸被应聘人员的鞋底踩得凌乱不堪。接近尾声的时候，招聘方的人事经理看见不远处的一个人正由远而近地边走边捡地上的废纸。当他来到经理的面前，这位经理问他为什么要捡这些废纸，它们已经是被利用过的了。他回答道："这些纸虽然已经利用过了，但另一面仍然可以再利用，这样扔掉就太可惜了。"这位经理浮现出欣慰的笑容。原来，那么多的应聘者中，没有一个人注意到这个细节。而这个细节正是招聘者设置的一道无声的考题。因为资源管理部的主管就是负责管理资源，避免浪费的。在诸多的应聘者中，一开始那么多人，却没有一个人注意把废纸捡起来等待再利用，确实让这位人事经理很头痛。不用说，只有这个捡废纸的应聘者获得了这个职位。

一个企业的盛衰源于细节，一个人的起落源于细节，一个决策的正误同样源于细节。关注细节中潜藏着的那个魔鬼，并非所有人都能够做到。而既然是"魔鬼"，当然就有它该有的威力，天堂和地狱的归属，只凭它的一个指头就可以划定界限。

刚柔第二

　　曾国藩认为"神"和"骨"为识人之本，而"刚"与"柔"同样很重要。曾国藩认为，刚柔相济，长短互补，文武合璧，众力相辅，各方面的优化组合才能形成一个完整的人才，这是从事物"总体性联系"考虑的优化，是为完成某项复杂任务而需要多种人才、多方面协调配合的整体性优化。特别是《冰鉴》中"内刚柔"之说对"外刚柔"的偏差所做的必要的补正，强调要通过人的言行举止、思想品行来观察人物、品鉴人物。

辨识刚柔可以更好地察人

原典

消息与命相通，此其较然易见者。

译文

刚柔的状态和阴阳的消长与人的命运息息相关，若能辨识它就可以更好地观察人了。

曾国藩所说的这些理论看似玄妙、复杂，若要用通俗的说法来讲，其实很简单：刚柔表现在外就是人的性格，常言道：性格决定命运，也就是《冰鉴》所言"消息与命相通"。关于这一点，刘邵在《人物志》中对此有更为详细的论述，为方便大家更全面的理解，在这里简要介绍一下：

平淡之人，不仅平淡而且矜持庄重——能威，温文儒雅——能怀，言满天下而无口过——能辩，言行合一而敏于行——能讷，不偏不倚，变化应节，所以是人才之最高境界，非一般人能及。

刘邵除了描写中庸之德的平淡质性之外，还特别点出中庸与偏才之

不同处。偏才是在某一方面，有特殊专长，它不是太刚就是太柔。全才则无所不通，其质性不亢不拘，中和平淡。

与中庸相比，激昂亢奋的性格就太过了，而拘谨慎重的性格又有些不及。这种激奋或拘束的性格违反了中和之道，必然因过于注意修饰外表，而丧失了内在的义理。所以性格坚毅刚直的人，长处在于能矫正邪恶，不足之处在于喜欢激烈地攻击对方。

性格柔和宽厚的人，长处在于能够宽容和忍耐他人，不足之处在于经常优柔寡断。性格强悍豪爽的人，称得上是忠肝义胆，却过于肆无忌惮。性格精明慎重的人，长处在于谦恭谨慎，却经常多疑。

性格强硬坚定的人，所起到的是稳固支撑的作用，却过于专横固执。善于论辩的人，能够解释疑难问题，但性格却过于飘浮不定。乐善好施的人，胸襟宽广，很有人缘，但交友太多，又难免鱼龙混杂。

清高耿介、廉洁无私的人，有着高尚坚定的节操，却过于拘谨约束。行动果断、光明磊落的人，勇于进取，却容易疏忽小事，不够精细。冷静沉着，机警缜密的人，善于探究小事，细致入微，却稍嫌迟滞缓慢。

性格外向，直率质朴的人，可贵之处在于为人诚恳、心地忠厚，不足之处在于太过显露，没有内涵。足智多谋，善于掩饰感情的人，长于权术计谋，他们狡诈机智，富有韬略，在下决断时却常常模棱两可，犹豫不决。这些具有偏才的人，如果他们的才能得到了发挥，在仕途上有所成就，而又不以中庸为标准来改掉自己或是激奋或是拘谨的缺点，反而指责别人的短处，那么他自己的缺点就会更加突出，就像是古时候的晋国人和楚国人互相嘲笑对方"佩剑的方向反了"一样可笑。

性格坚强刚毅的人，刚愎自用，凶狠而不柔和，他们不觉得自己强

硬地冒犯别人是不对的，却把柔顺视为软弱，结果变得更加凶狠，变本加厉的抗争不止。这种人可以去设立法律制度让人遵守，却难以对别人体察入微。

性格温柔和顺的人，行事迟缓，缺乏决断，他们不把自己不知道治理事物作为缺点，却把刚毅激进当成对别人的伤害，安于无所作为。这种人可以遵守常规，却不能执掌政权，解释疑难。

勇武强悍的人，意气风发，勇敢果断，但他们从不认为强悍会造成毁坏与错误，却视和顺忍耐为怯弱，更加任性妄为。这种人可以与他们共赴危难，却不能要他们去遵守约定。

小心谨慎的人，做事过于多疑多忌，他们不但不改掉不敢伸张正义的缺点，反而认为勇敢是轻率的表现，于是他们的多疑与畏惧就有增无减。这种人可以保全自身，却不能成为保持气节的榜样。

气势凌厉、性格刚正的人，做事坚毅，为人耿直，他们不认为固执主观是缺点，却认为灵活善辩是虚伪的表现，从而更加主观专断。这种人可以坚持正义，却不能与群众打成一片。

能言善辩的人，能充分地说明事物的道理，他们不觉得自己的文辞泛滥，话语冗长，却把正直刚毅当做是对他们的束缚，从而助长他们散漫的作风。这种人可以同他们不分等级贵贱，平等相处，却难以设立法规制度来约束他们。

胸怀宽广博大的人，对待他人博爱仁慈，他们不认为交友混杂是缺点，反而把廉正耿介当做拘谨保守，于是交友就更加广泛混杂了。这种人可以安抚众人，却不能严肃风纪。

偏激固执的人，勇于激浊扬清，斥恶扬善，他们不觉得自己过于清

高，心胸狭窄，反而把心胸宽广博大看做是污浊的东西，从而更加拘谨固执。这种人可以坚守节操，却不能随机应变。

好学上进的人，志向高远，他们不认为贪多务得、好大喜功是缺点，却把沉着冷静看做是停滞不前，从而更加锐意进取。这种人可以不断进取，却不甘心落后于人。

性格沉着冷静的人做起事来深思熟虑，他们不觉得自己太过于冷静以至于行动迟缓。这种人可以深谋远虑，却难以及时把握机会。

性情直率质朴的人，他们的心地痴顽直露，他们不觉得自己直率到了粗野的地步，却认为机灵是怪诞的表现，于是行事更加直率。这种人可以使人信赖他们，却难以去调停指挥，随机应变。

富有谋略、深藏不露的人，善于随机应变，取悦于人，他们不认为施展权术是背离正轨的行为，却把真诚当做愚昧，把虚伪看成可贵的东西。这种人可以辅佐善良忠厚的人，却不能改正邪恶的行为。

有些人经过学习之后，可以成才，并能够推己及人，可以了解人之常情。但偏才的性格难以改变。虽然传授给他知识和技能，但他学习成才之后，他偏才的秉性也发展成为缺点。虽然教育他要宽恕，要以己推人，但诚实的人推想别人也诚实，狡诈的人推想别人也狡诈，所以只靠学习不能掌握中庸之道，无法宽容一切事情，而偏才的缺点也因此更加突出。

人本来以阴阳之气来确立性情，阴气太重则失去刚，而阳气太重则失去柔。太柔则处事小心谨慎，不敢大刀阔斧；太刚是亢奋者，常超越了一定的度。人各有长短，或者说各有优缺点，因此"善有所章，而理有所失"。

由内刚柔看人的心性本质

原典

五行为外刚柔，内刚柔，则喜怒、跳伏、深浅者是也。

译文

五行只是刚柔之气的外在显现，称为外刚柔，而内刚柔指的是喜怒情感，激动程度和心态城府。

曾国藩在《冰鉴》中有"喜怒、跳伏、深浅"论及人心内阴阳之气变化，既是指喜怒哀乐等情感，又是指沉静、急躁、胸有城府等各种性格。

具备某一方面特长的人，不是亢奋就是拘谨，不是偏刚就偏柔，很多人都不知道自己的缺点，即使有的知道自己的缺点，也不能以圣人的标准，吸收别人的优点来改进自己的缺点，反而一味地否认，甚至以攻击别人的缺点来掩饰自己的缺点。因此，他们自以为是，亢者愈亢，拘者愈拘，最终使自己无法改造。

申徒狄是商朝谏官，商纣王残暴无情，申徒狄屡谏不听，最后采取最激烈的谏诤——死谏，他抱石投河而死。屈原《楚辞·九章》云："望大河诸洲之兮，悲申徒之抗迹。"其中哀悼的申徒即申徒狄。这是亢者愈亢。

介子推是春秋晋国人。他对晋文公忠心耿耿，当晋文公流亡时没东西吃，他割下自己的肉给晋文公吃。晋文公回国后，赏赐文武百官，却没有他的份，后来他与母亲隐居山上，晋文公为引他做官，放火烧山，烧死了他。此为拘者愈拘也。

老子说："知人者智，自知者明；胜人者力，自胜者强。"人在一生当中最大的敌人就是自己，人能认识自己，了解自己，已经非常困难，更何况自己的长短之处被认识之后，能够进一步挥长弃短、肯定自己、纠正缺点、改善自己，那就更困难了，所以老子才会说"自知者明"、"自胜者强"。

从偏才要进而为德行，再从德行进而为中庸、圣人。这固然有赖于学，使质性不致过亢而偏刚，亦不致过拘而偏柔，所以说"夫学，所以成才也"，另一方面也有赖于恕，取强毅之刚毅而去其激讦，取柔顺之宽容而去其寡断，所以说"恕，所以推情也"。

在人性论中，刘邵是个顺气的支持者，人物禀气而成性，性就是天生的质性，人一出生就有性，是不可变的，可变的是人的情绪而不是人的质性，因此认识一个人必须识其质性。这么说来，靠"教之以学"与"训之以恕"，根本不可能改变天生的质性，所以说"偏才之性，不可移转矣"。由此指出了才性鉴定的心理障碍。

刘邵认为，按偏才的质性加以学习，学习只会增加他的偏，根本不能改变其偏而成为全才的人，所以说："虽教之以学，才成而随之以失。"可见，偏才固有的本性，非学习所能改变。"学"虽然可以使人成才，但成于此，失于彼，所以他认为偏才之人不可改也。

同样道理，刘邵认为"训之以恕"也只能顺应他原来的性情，后天

批评，教育批评对其本性是起不了什么作用的，反而越教越偏，所以说："虽训之以恕，推情各从其心。"

因为推己之情各从其心，自然会造成信者逆信与诈者逆诈的现象。"信者逆信"的意思是：因为自己讲信用，就认定人人都讲信用，于是诈骗者能得逞。"诈者逆诈"的意思是：因为自己诈骗，就认定人人都是骗子，于是讲信用的人就无辜被怀疑了。

偏才之人，固守本性，推己之情，各是己能，何道之能人，何物之能周，所以说："故学不人道，恕不周物。"

总之，刘邵认定，人因禀气之不同，必定造成质性上的差异，此天生的质性既不可改变，亦不可培养。若要改变它，非但无益反而有害。质性决定一个人一生的成就，人应依其质性，发挥其长。

既然偏才的质性，既不能"教之以学"，又不能"训之以恕"，那么领导者就不能要求手下人多才多艺，而要注意挖掘人的特长，因此必须掌握"用人之仁去其贪，用人之智去其诈"的原则，用人之长处，忽略其短处。这是对偏才的正确认识。

那么在实际识人、用人的过程中，如何正确识别对方是兼才还是偏才呢？

当一个人经常谈论各家各派的长处，并且一一加以品评推荐，这样的人可能就是兼才；如果一个人只陈述自己的长处，希望得到众人的夸奖，自己却不想了解别人的优点，这样的人可能只是偏才，偏才不能了解别人，对别人的话也持怀疑的态度。因此，和这种见识短浅的人谈论深奥的道理，谈得越深入，分歧也会越大；分歧越大，双方就会更加对立，以至于相互攻击和诘难。所以，偏才的人有时看见别人多方述说自

己的处世正直，也许就会认为对方只不过是在自夸罢了；有时当他看见别人静静倾听他谈话却不发表意见，也许就认为对方知识贫乏，内心空虚；有时当他看见别人高谈阔论时，也许就认为对方不够谦逊；有时当他看见别人谦恭礼让时，也许就认为对方学识浅陋、地位卑下；有时当他看见别人说话时只显示某一方面的专长，也许就认为对方知识不够广博；有时当他看见别人谈话时旁征博引、语惊四座时，也许就认为对方有意要哗众取宠；有时当他发现自己的想法被别人说出来时，也许就认为对方抢走了自己的成果；有时当别人发现自己的错误并提出疑问时，也许他就认为对方不理解自己；有时当别人的看法与自己不同时，也许就认为对方有意在和自己较量；有时当别人谈话时内容有条有理，知识广博，也许他认为对方的话讲得不得要领。他有时只有在与相同类型的人谈话时，才会感到高兴。因为只有这样，他才会对对方产生亲近、偏爱的感情，去称赞、举荐对方，这就是偏才常犯的错误。

认识一个人，以自己作为衡量别人的标准，主观意识太强，经常会造成识人的错误与偏差。

先说《列子·说符篇》的一则故事。

从前一个人遗失了一把斧头，他怀疑被隔壁的小孩偷走了。于是，他就暗中观察小孩的行动，不论是言语与动作，或是神态与举止，怎么看都觉得像是偷斧头的人。因为没有证据，所以也就没有办法揭发。隔了几天，他在后山找到遗失的斧头，原来是自己弄丢的。从此之后，他再去观察隔壁的小孩，再怎么看也不像是会偷斧头的人。

这个人就是以自己来度量别人，主观意识太强，才会把老实的小孩看成是贼。他心中认定小孩是贼，因此越看小孩越觉得像贼；他心中认为小孩不是贼以后，再怎么看都不是贼。这种由于主观意识作祟而造成识人的错误，我们要小心提防。

三国时代精于识人的诸葛亮，就曾因主观意识太深而看错马谡。马谡历任县竹、成都县令以及越巂太守，能力过人，并好谈军国大事，诸葛亮很器重他。刘备在临死前，对诸葛亮说："马谡言过其实，不可大用，希望你能察觉此事。"但由于诸葛亮对马谡印象很好，因此非但听不进刘备的话，而且还任命马谡为参军。两人谈论军国大事，每每从清晨到深夜。公元 228 年，诸葛亮出师祁山，当时众大臣建议派魏延或吴壹为先锋，可是诸葛亮独排众议，任命马谡为先锋，统率大军与魏军交战于街亭，结果被魏军所击败。因为先锋大军败走，诸葛亮只好退守汉中。

以自己的主观意识识人，这是人性上的弱点，也是识人的大误，精明的诸葛亮都难免陷入其中，何况一般凡夫俗子！

当我们喜欢一个人时，就会忽略他的缺点而肯定他的一切；当我们讨厌一个人时，就会忘掉（或忽略）他的优点，单挑他的弱点而否定他的一切。

举一个实例来说明。

战国时期有一个叫弥子瑕的人，因为他长得俊美，所以很受卫主的宠爱，被任命为侍臣。根据卫国法律的规定，私下使用大王马车者，将处以割断双腿的刑事。弥子瑕因为母亲生病，就私驾大王的马车回家探病。卫王知道此事之后，不但没有处罚弥子瑕，反而称赞他说："子瑕真孝顺呀！为了母亲的病竟忘了刑事。"有一天，弥子瑕陪同卫王游览果园，弥子瑕摘下一个桃子，吃了一半，另一半献给卫王。卫王高兴地说："弥子瑕真爱我啊！把好吃的桃子献给我吃。"

若干年后，弥子瑕年老色衰，卫王就不喜欢他了。有一次，弥子瑕因小事得罪卫王，卫王就生气地说："弥子瑕曾经私驾我的车，还拿吃剩的桃子给我吃。"在数落过弥子瑕的罪状之后，就把他免职了。

从上述的实例可知，一般人对另外一个人的态度在很大程度上受个人印象好坏的影响。

再说一则妙闻。

汉武帝到郎署（汉朝官署名）巡视，遇见一个衣冠不整的白发老翁，就问他："你叫什么名字呢？什么时候在此为郎（宿卫之官名）呢？"

老翁答道："臣叫颜驷，在文帝时就在此为郎了"。

武帝问道："究竟怎么回事？"

颜驷答道："文帝好文而臣好武，景帝喜好年老的而臣尚年少，陛下喜好年少的而臣已年老，因此历经三世都没有晋升的机会，只好一直在此当差了。"

假如文帝好武，景帝喜好年少，武帝喜好年老的话，颜驷一生的机遇可能大不相同。针对颜驷生不逢时，我们一方面感叹造化弄人，一方面深刻体会到个人的好恶影响识人之深。

世无完美之人，金无十足之赤。人，总是优点、缺点并存。恃才傲物，常为人之通病；大才者，不拘小节；异才者，常有怪癖；才气越高，往往其缺点越显。高明的领导，对于人才应力求用其所长，避其所短，倘若求全责备，则世无人才可用。

既然，人无完人，那么，就不可苛求，否则将"世无可用之人"。所以，古人说："水至清则无鱼，人至察则无徒……明有所不见，聪有所不闻，举大德赦小过，无求备于一人之义也。"其中包含着极其深刻

的用人哲理。

求全责备乃用人之大忌，求全责备，是指对人要求过严，希图"完美"，容不得别人半点缺陷，见人一"短"，即不及其余，横加指责，不予任用。求全责备容易压抑人的工作积极性，阻碍人的成长，阻碍人的智能的充分发挥；它使人谨小慎微，不思进取；也可能阻碍人的创造性思维与创造性想象力的发挥；它有时会使工作人员缺乏活力，"死水一潭"，缺乏竞争能力和应变能力；它造成人才，尤其是优秀人才的极大浪费，因为，任何人总是有短处，甚至是有错误的，而求全者的种种非难，会使许多人难以得到起用。

我国历代智能之士深知用人不可求全责备的道理。孔子在《论语》中就说过："赦小过，举贤才。"《庄子·天下》也说过："君子不为苛察。"《后汉书·陈宠传》上强调："有大略者不问其短，有厚德者不非小疵。"唐朝《贞观政要·政体》指出："心暗则照有不通，至察则多疑于物。"《清诗别裁集》中更明确指出："舍长以就短，智者难为谋；生材贵适用，慎勿多苛求。"可见，用人不可苛求已成历代历朝用人的重要原则。

考虑事情由浅入深的人较为机智

 原典

初念甚浅，转念甚深，近"奸"。

译文

考虑事情时开始想得粗浅，但转念则能深思熟虑，这种人较为机智。

曾国藩在这里所说的"奸"并非奸邪、阴险之意，而是为人处世、考虑问题灵活周全、不拘一格的意思。

开始考虑的时候可能比较简单，但转念一想，如果换一种方式或者方法会不会更好？这种转念一想、懂得及时变通，体现的就是人的机智。

官场险恶，要想立身于其中，首要在于"变通"二字。曾国藩自始至终都明白这一点。所谓"天有不测风云"，审时度势，看清形势，才能把握先机，从而智珠在握，成竹在胸，驾轻就熟而得心应手地驾驭瞬息万变的动态世界。所以，曾国藩无论在惊心动魄的政治斗争中，还是在刀光剑影的军事搏杀中，都能在千钧一发之际，化险为夷，这的确是他为人处世的绝技。

以现代的眼光来看，应变能力是一个人的素质问题，同时也是现代社会办事能力高下的一个很重要的考察标准。

人的思维是跳跃的，不是一成不变的。因此办事时适时的变通是一种很明智的做法，放弃毫无意义的固执，这样的人才能更好地办成事情。虽然坚持是一种良好的品性，是值得称赞的事情，但在有些事情上，过度的坚持，就会变成一种盲目，那将会导致更大的浪费。

在很多时候，过分的执着是一种负担。一个机智的人可以灵活运用一切他所知的事物，还可巧妙地运用他并不了解的事物。能在恰当的时间内把应做的事情处理好，这不仅是机智的体现，更是人性艺术的表现。

成败论英雄，有许多满怀雄心壮志的人毅力都很坚强，但是有时由

于不会进行新的尝试，因而无法成功。人要坚持自己的目标，不要犹豫不前，但也不能太生硬，不知变通。如果一种方法不能帮你解决问题的话，那就尝试另一种方式吧。

那些百折不挠，牢牢掌握住目标的人，都已经具备了成功的要素。如果把灵活的做事方法和你的毅力相结合，便更容易获得期望的结果。每当你做事遇阻的时候，告诉自己"总会有别的办法可以办到"。那么你的未来就会攻无不克，战无不胜。

当你认为困难无法解决，找不到出路的时候，一定要拒绝"无能为力"的想法。应先停下来，然后再重新开始。我们有的时候往往钻进牛角尖，因而看不出新的解决方法。成功的秘诀是随时检查自己的选择是否有偏差，合理地调整目标，放弃无谓的固执，轻松地走向成功。

秘而不宣之人有大前途

 原典

内"奸"者，功名可期。

 译文

内心机智的人往往能够功成名就。

有些人做事时，表面上看上去轰轰烈烈，然而这些人大部分是"雷声大，雨点小"、"说得比唱得好听"，就是见不到办事的效率。

还有一类人，在平日里很少"显山露水"，表面看上去很不显眼，然而他们却能在暗中默默地将事情完成，丝毫不张扬，这就是《冰鉴》之所谓内"奸"。

在这个社会上，做事太张扬、太露虽然能够显得自己高人一头，然而却也会引来众多人的妒忌，别人也更关注自己的一举一动（确切地说是更关注失误），这样就会给日后自己的工作带来众多的压力和不便。

清朝雍正皇帝也曾这样认为："但不必露出行迹。稍有不密，更不若明而行之。"讲的就是这个道理。雍正不但是嘴上这么说，在他的执政生涯中也是如此做的——

在雍正皇帝之前，历代王朝都以宰相统辖六部，宰相权力过重，使皇帝的权威受到了一定影响，如果一个君王有手腕驾驭全局，使宰相为我所用，这当然很好，但如果统领众大臣的宰相超权行事，时间一长便很容易与皇帝、大臣们产生隔膜和分歧，很容易给国家添乱子、造麻烦。这样的例子举不胜举。

在雍正即位之初，虽然掌管着国家的最高权力，但凡军国大政，都需经过集体讨论，最后由皇帝宣布执行，不能随心所欲自行其是；权力受到了制约，皇位受到了挑战。于是雍正设置军机处，正是把自己推向了权力的金字塔顶端。简单地说，就是皇帝统治军机处，军机处又统治百官。

军机处还有一种职能，即充当最高统治者的秘书的角色，类似于情报局，有很强的保密性。军机处的由来，是在雍正七年（1729 年）六月清政府平息准噶尔叛乱时产生的。雍正密授四位大臣统领有关军需事务，严守军报、军饷等军事机密，以致此后两年不被外界熟知，保持了工作的高效运转和战斗的最终胜利。

雍正对军机处的管理特别严密。他对军政大臣的要求也极为严格，要求他们时刻同自己保持联系，并留在皇帝最近的地方，以便随时召入宫中应付突发事件。军机处也会像飘移的帐篷一样随皇帝的行动而不断改变。皇帝走到哪里，"军机处"就设在哪里，类似于我们现在的现场办公。军机处关注雍正对工作、对百官的一些看法，以便察言观色，去伪存真地选用人才。在当今，雍正的这些创造，已经渗透到我们的日常工作当中，并产生了不可低估的社会价值。

雍正的第二大特点是对军机处的印信管理得非常严密。印信是机构的符号和象征，是出门办事的护身符和通行证。军机处的印信由礼部负责铸造，并将其藏于军机处以外的地方，派专人负责管理。当需用印信时，必须报告皇上给予批准，然后才能有军机大臣凭牌开启印信，在众人的监视下使用，以便起到制约的作用。

设立"军机处"起到了意想不到的效果，以前每办一件事情，或者有关的奏折，要经过各个部门的周转，最后才能够送达皇上。其中如扯皮、推诿、拖沓的官场陋习使办事效率极为低下，保密性也差，皇上的意图无法贯穿始终。而自从设立军机处以来，启动军机大臣，摆脱了官僚机构的独断专行，使雍正的口谕可以畅通无阻地到达每一个职能机构，从而把国家大权牢牢地控制在自己手里。

设立"军机处"将"生杀之权，操之自朕"的雍正推向了封建专制权力的顶峰。"军机处"由于在皇上的直接监视下开展工作，所以处处

谨小慎微，自知自律，奉公守法，营造了一种清廉的官场形象。"军机处"的设置，保证了中央集权的顺利实施，维持了社会的相对稳定和统一，避免了社会的动乱和民族的分裂，推动了社会的繁荣和发展，具有一定的社会积极意义。

无论在关于雍正的正史和野史的记载中，雍正帝都是一个喜欢秘密行事的皇帝，然而这也正是他高明、智慧的一面，故而在他死后的乾隆年间，才会出现盛世的局面。

无论是做人还是处事，若想取得最大限度的成功，首先不要过分暴露自己的意图和能力。唯有这样，事情办起来才不会出现众多人为的障碍和束缚，办起事来就会出现事半功倍的效果；反之，我们将会受到许多意想不到环节的人为阻挠，事情办起来就会很难成功了。

愚笨的人大多长寿

 原典

粗蠢各半者，胜人以寿。

 译文

粗蠢愚笨的人比常人高寿。

粗蠢之人为什么长寿？因为做人不张扬，不自矜，该聪明的时候聪明，该糊涂的时候糊涂，这样的人无飞来之横祸，一生平平安安，不长寿才怪。

太聪明了，需要掩盖住才好，否则你就会成为众矢之的。所以，曾国藩在必要的时候总会提醒自己，表现得粗蠢愚笨一些。

有人说曾国藩能够功成名就的最大原因，就是深谙粗蠢愚笨之道。梁启超谓曾国藩"非有超群轶伦之天才，在并时诸贤杰中，称最钝拙"。曾国藩自己也说："自以秉质愚柔，舍困勉二字，别无他处。"又说："吾生平短于才，爱者或廖以德器相许，实则虽曾任艰巨，自问仅一愚人，幸不以私智诡谲凿其愚，尚可告后昆耳。"

难道他真是一个粗蠢愚笨短才之人吗？实在说起来，这又不尽然了。一个人的成就有小有大，小者或可从困勉铢积寸累得来，若成就大业，只靠辛苦强学还是不行，必有超人的领悟天赋，才能相济为用。曾国藩说："器有洪纤，因材而就，次者学成，大者天授。"可见一斑。

由前可见，曾国藩并不漠视才与德的相对作用。何以他反自称无才呢？这不过是他的一种谦德。因为才是靠不住的，如果恃才傲物，就容易泛滥横流，近于小人了。这完全都是勉人为学的意思，他在家信中对子弟的贤否，也有六分天生，四分家教的话。何以又这样重视天命天才呢？好像是他的一种矛盾思想，其实不然，这正是中庸相反相成的道理。所谓"天定胜人，人定胜天"，"时势造英雄，英雄造时势"，不是一样的道理吗？倘不明乎此，则读曾国藩的书籍，直如隔靴搔痒，处处都觉得矛盾了。譬如他自称愚柔，而致九弟书云："古来豪杰，吾家祖父教人，

以懦弱无刚四字为大耻，故男儿自立，必须有倔强之气。弟能夺数万人之刚气而久不销损，此是过人之处，更宜从此加功！"

这能说他没有大才吗？可是他的祖父告诉他说："尔的官是做不尽的，尔的才是好的，满招损，谦受益，尔若不傲，更好全了。"可见曾国藩只是在"不傲"上做工夫，颇有大智若愚之意。

曾国藩还说道："古今亿万年，无有穷期。人生其同，数十寒暑，仅须臾耳！大地数万里，不可纪极，人于其中，寝处游息，昼仅一室耳！夜仅一榻耳！古人书籍，近人著述，浩如烟海，人生目光之所能及者，不过九牛之一毛耳！事变万端，美名百途，人生才力之所能办者，不过太仓一粟耳！知天之长，而吾所历者短，则遇忧患横逆之来，当少忍以待其定；知地之大，而吾所居者小，则遇荣利争夺之境，当退让以守其雌；知书籍之多，而吾所见者寡，则不敢以一得自喜，而当思择善而约守之；知事变之多，而吾所办之者少，则不敢以功名自矜，而当思举贤而共图之。夫如是则自私自满之见，可渐渐蠲除矣。"

这是何等高明的见解！芸芸众生，"不知天多高，地多厚"，只晓得一个"我"，则一切相害相悖矣。倘能觉悟到此种境界，自然可以除去自私自满之见，往大道上迈进。否则坐井观天，画地自限，没有伟大的人生观，焉能有伟大的学术事业？所以觉悟是做人的始基，也是做人的归宿，由天才而来，也由学问而得。

机智而豁达的人会有非凡成就

原典

纯"奸"能豁达，其人终成。

译文

十分机智的人倘若豁然达观，就会有不凡的成就。

曾国藩认为，对待他人宽容大度大多是有福之人，因为在便利别人的同时也为成就自己奠定了基础。常言道："宰相肚里能撑船。"说的就是这个道理。

历史上"大肚量"的宰相不乏其人，狄仁杰也是其一，并且堪称楷模。

狄仁杰治国治民能力非凡，难得的还是容忍别人，不计个人私怨，不遗余力地推荐有才之士，使国家社稷、黎民百姓受益匪浅。这是一种无比的豁达和高尚。

公元688年，豫州叛乱，宰相张光辅领兵讨伐。官兵因军纪败坏，鱼肉百姓，影响极坏。这时，身为刺史的狄仁杰挺身而出，指责宰相张光辅治军无方。叛乱平息后，受牵连的有六七百家，许多无辜的人都要被杀害。狄仁杰负责行刑，他认为这是草菅人命，便冒着杀身之危，向武则天上书，终使这些人免遭杀害。

武则天认识到狄仁杰确实是个人才，便连续提升了他。有一次，武则天单独召见狄仁杰说："你为刺史时，政治清明，治理有方，百姓拥戴，

可是，有人在朝廷上弹劾你，你想知道诬告你的人是谁吗？"

狄仁杰磊落地说："臣如有过错，请陛下赐教！至于说臣坏话的人，臣不愿知其姓名，以便臣等能和睦相处！"

武则天听后，感到狄仁杰器量大能容人，可堪重用，更加器重他。狄仁杰好面折廷诤，常常违背武则天的旨意，武则天也曾动怒，使狄仁杰遭到贬官。日久见人心，经过几件事情之后，武则天既看出了他的才能，也看出了他的忠心。以后每当他们政见不一时，武则天总是屈意从之。

就在狄仁杰遭到左迁时，将军娄师德曾在武则天面前竭力保荐他。狄仁杰并不知道这件事，他认为娄师德不过是一介武夫而已。

回到京城以后，有一天武则天问狄仁杰："你看娄师德是否有知人之明、荐人之德？"

狄仁杰说："娄将军谨慎供职，还没听说过他荐举人才！"

武则天笑着对狄仁杰说："朕起用你，全凭娄将军的力荐！"

这件事使狄仁杰很受感动。自己与娄师德非亲非故，他秉公荐贤，并不是为了使人感恩戴德，实在是高出自己很多。从此，狄仁杰特别留意物色人才，随时向朝廷推荐。

当时契丹国经常侵扰唐朝边境，其名将主要是李楷固与骆务整，他们屡次打败唐军，杀死很多唐军将士。后来，他俩归降，朝中许多大臣纷纷上书武则天，请求杀死二人。

狄仁杰的意见与此相左，他对武则天说："这两位将军骁勇无比，他们以前有能力事其主，现在也必能尽心于我朝，请用圣德安抚，赦免他们的罪过！"

和这两个人作战被杀死的唐军将士其实与朝廷上许多大臣非亲即

故，但这些大臣却极力主张要杀死这两个契丹将领。狄仁杰针锋相对地说："处理政事应以国家为重，岂能由个人恩怨决定！"并坚持为这两个人请求官职。

武则天听从了狄仁杰的建议，封李楷固为左铃卫将军，封骆务整为右武威将军，令他们守卫边防，从此边境得到了安宁。

所谓"宰相肚里能撑船"，也就是说能做大事的人，对鸡毛蒜皮的事不斤斤计较，都有其原谅、宽恕别人的度量。在为人处世、待人接物时，不对他人要求过于苛刻，时刻考虑别人的感受。严于律己，宽以待人。如果能做到这些，便很容易使人感到此人通达世事人情，有"宰相"之才，日后必成大业。

做事细心必成大事

 原典

纯粗无周密，半途必弃。

 译文

粗莽而做事不周密的人则必然半途而废。

不管从事什么职业，从艺还是经商，务农还是做工，都不可有粗浮

心，不可有粗枝大叶、马马虎虎、浮躁不踏实的心态。

美国成功学家马尔登说过，马马虎虎、敷衍了事的浮躁心态，可以使一个百万富翁很快倾家荡产。相反，每一个成功人士都是认认真真、兢兢业业的。追求精确与完美，是成功者的个性品质。他讲了这样一个故事——旧金山一位商人给一个萨克拉门托的商人发电报报价："1 万蒲式耳大麦，单价 1 美元。价格高不高？买不买？"萨克拉门托的那个商人原意是要说"不。太高。"可是电报里却漏了一个句号，就成了"不太高。"结果这一下就使得他损失了 10000 美元。

一家皮货商订购一批羊皮，在合同中写道："每张大于 4 平方尺、有疤痕的不要。"注意，其中的顿号本应是句号。结果供货商钻了空子，发来的羊皮都是小于 4 平方尺的，使订货者哑巴吃黄连，有苦说不出，经济损失惨重。

"粗心"、"懒散"、"草率"，这样一些评价送给生活中成千上万的失败者都毫不为过。

相反，做事认真，则能帮助一个人获得成功。法国作家大仲马有一个朋友，他向出版社投稿经常被拒绝。这位朋友就来向大仲马求教。大仲马的建议很简单：请一个职业抄写人把他的稿子干干净净誊写一遍，再把题目做些修改。这位朋友听从了大仲马的建议，结果他的文章就被一个以前拒绝过他的出版商看中了。再好的文章，如果书写得太潦草，谁会有耐心去拜读呢？

美国著名演员菲尔兹曾说道："有些妇女补的衣服总是很容易破，钉的扣子稍一用力就会脱落；但也有一些妇女，用的是同样的针线，而补的衣服、钉的纽扣，你用吃奶的力气也弄不掉。"做事是否认真，体

现着一个人的态度。只有那些有着严谨的生活态度和满腔热忱的、富有敬业精神的人，才会认真对待每一件事，不做则已，要做就一定要尽心尽力做好。这样的人也往往会得到别人的信任，为自己打开成功之门。

1965 年，卡菲里在西雅图维尤里奇学校当图书馆管理员时，有一天，一个四年级老师找到他说，她有个学生总是最先完成功课，他需要干点别的对他有挑战性的工作。"他可以来图书馆帮帮忙吗？"她问道。

"带他来吧。"卡菲里说。

不一会儿，一个穿牛仔裤和圆领衫，留着棕色头发的清瘦男孩进来了。

卡菲里向他讲述了杜威十进制分类藏书法，他很快明白了。然后，卡菲里让他看了一堆卡片，上面的书目都是逾期很久未归还的。但现在卡菲里怀疑这些书其实已归还，只是夹错了卡片和放错了地方，需要查找核实一下。

"这是否有点像侦探工作？"男孩眨着眼睛兴奋地问。

卡菲里说："是的。"

他便劲头十足，像个真正的侦探似的干开了。

到他的老师进来宣布"休息时间已到"时，他已发现了 3 本夹错卡片的书。他还想继续把活干完为止。但老师说他得出去呼吸一下新鲜空气。她最终说服了他。

第二天早晨，他很早便来了。"我想今天把夹错卡片的书全找出来。"他说。到下午下班前，他问卡菲里，他是否已够格当个真正的图书馆管理员，卡菲里说这毫无疑问。

几星期后的一天，卡菲里在办公桌上发现了张请柬，是那个整理图

书的学生请他去家里吃晚饭。

在那愉快的晚宴结束前，那位学生的妈妈宣布，他们全家将搬到附近一个地区。她还说，她儿子最舍不得的就是维尤里奇图书馆。

"今后谁来找遗失的书呢？"他问。

到他搬家时，卡菲里很不情愿地同他分了手。这男孩乍一看似乎很寻常，但他做事的那种专注和认真却使他显得与众不同。卡菲里万万没料到的是，那个男孩日后会成为信息时代的奇才，他就是因创办微软公司而改变全世界的比尔·盖茨。

认真的精神，其实质是对自己、对他人、对家庭和对社会的高度责任感。

世界上怕就怕"认真"二字。做事细心、严谨、有责任心、追求完美和精确，是认真；做人坚持正道，不随波逐流，不为蝇头小利所惑，"言必信，行必果"，也是认真；生活中重秩序、讲文明、遵纪守法，甚至起居有节、衣着整洁、举止得体，也是认真的体现。认真就是不放松对自己的要求，就是严格按照"真、善、美"的规则办事做人，就是在别人苟且随便时，自己仍然坚持操守，就是高度的责任感和敬业精神，就是一丝不苟的做人态度。认真的人受人尊敬和信任，认真的人办事效率高过那些不认真的所谓"快手"。就是从效益上讲，由于认真而减少了浪费、重复劳动、返工等，无疑是给社会和自己增加了一笔巨大的财富。

洛克菲勒是美国石油大亨，他的老搭档克拉克这样评价他道："他细心认真到极点。如果有一分钱该归我们，他要取来；如果少给客户一分钱，他也要客户拿走。"

洛克菲勒对数字有极强的敏感性，他常常算账，以免钱从指缝中悄悄溜走。他曾给西部一个炼油厂的经理写过一封信，严厉地质问道："为什么你们提炼一加仑火油要花 1 分 8 厘 2 毫，而另一个炼油厂却只需 9 厘 1 毫？"这样的信还有："上一个月你厂报告有 1119 个塞子，本月初送给你厂 10000 个。本月份你厂用去 9537 个，却报告现存 1012 个。其他 570 个下落如何？"类似这样的信据说洛克菲勒写过上千封。他就是这样从账面数字——精确到毫、厘，分析出公司的生产经营情况和弊端所在，从而有效地经营着他的石油帝国。

洛克菲勒这种严谨认真的工作作风是在年轻时养成的。他 16 岁时初涉商海，是在一家商行当簿记员。他说："我从 16 岁开始参加工作就记收入支出账，记了一辈子。它是一个能知道自己是怎样用掉钱的唯一办法，也是一个人能事先计划怎样用钱的最有效的途径。如果不这样做，钱多半会从你的指缝中溜走。"

附带说一句，洛克菲勒在公司的财务上是斤斤计较的，但是在向社会捐助慈善资金方面，却十分慷慨。可见他的锱铢必较是一种经营管理上的认真作风，而非"守财奴"或"铁公鸡一毛不拔"。

认真地做事，认真地做人，这在今日这个浮躁的时代尤其需要我们身体力行。不要放纵自己的"粗心"和"不耐烦"的坏毛病。曾经有一位著名作家说道："无论做什么事情，都应该尽心尽力，一丝不苟。这是因为，究竟什么才事关真正的大局，究竟什么才是最重要的，这一点其实我们也不是很清楚。也许在我们眼里微不足道的小事，实际上却可能生死攸关。"一个质量不过关的轮胎会毁了一架飞机，一个标示错的标点会带来极大的财产损失，一个设计上的小小错误会使一座大桥塌陷……这样的教训太多了，我们应该引以为戒。

容貌第三

《冰鉴》认为，人的容貌举止是人的美丑善恶本性的外化体现，并且其中也有天命人事的因素隐藏其中。凡是识人形貌，观姿容以七尺躯体为限度，看面貌则以两只眼睛来评断。人的胸腹手足，都和五行——即金、木、水、火、土相互关联，都有它们的某种属性和特征；人的耳目口鼻，都和四气——即春、夏、秋、冬四时之气相互贯通，也具有它们的某种属性和特征。人体的各个部位，如果相互照应、匹配，彼此协调，那么就会为人带来福分，而如果相互背离或彼此拥挤，使相貌显得乱七八糟、支离破碎，其命运就不值一提了。

观人先看整体形象

原典

容以七尺为期，貌合两仪而论。胸腹手足，实接五行；耳目口鼻，全通四气。相顾相称，则福生；如背如凑，则林林总总，不足论也。

译文

观姿容以七尺躯体为限度，看面貌则以两只眼睛为主。人的胸腹手足，都和五行——即金、木、水、火、土相互关系，都有它们的某种属性和特征；人的耳目口鼻，都和四气——即春、夏、秋、冬四时之气相互贯通，也具有它们的某种属性和特征。人体的各个部位，如果相互照应、匹配，彼此对称、协调，那么就会为人带来福分，而如果相互背离或彼此拥挤，使相貌显得乱七八糟、支离破碎，其命运就不值一提了。

古人把人的七尺之躯分成三个部分，称为三停，头为上停，头形圆实饱满而又显秀长者，是大吉富贵之人，但要与中停、下停和谐，身小头长或身长头小，则表示此人贫贱。从颈部到腰部为中停，中停也要与

上停、下停相称，太短则寿命不长，太长则一生贫困，腰身软弱者既无力气也不太长命。腰以下到脚为下停。下停也要与上、中停相称，太长则多病。总之，古人认为，三停要比例相称，相称者既美观、身相又好。一般来说，上身长下身短，主人官运亨通，有福寿。反之，则一生贫贱又短命，若上中下三停俱短，只要无亏损缺陷，且五官端正也是一种相称之样，同样可以富贵双全。

形有"五短之形"和"五长之形"之分：

五短之形：就是头短、面短、身短、足短、手短。

五长之形：就是头长、面长、身长、手长、足长。

古人认为五短之形与五长之形本身没有优劣之分，关键要看它们与其他方面的配合而定。

五短之形的人如果骨细面滑，印堂明亮，五岳朝拱，定上佳。五长之形的人配以骨丰貌隆，清秀滋润，就是奇佳之人，主人富贵双全。

五短之形的人如果骨骼粗恶，五岳陷塌，则贫贱无疑。五长之形的人如是骨肉枯瘦，筋骨暴露，则为恶相，亦贫贱。

此外，古人还有一说，即手短足长则贫贱交加，而手长足短既富又贵。

形相类型的划分，各家各派有不同的方法与标准，但总的来讲，可大致分为两类：一种是形象法，另一种则是抽象法。形象法，就是根据人的"形"进行归类，通常的五行形相分类就属于此。用甲、申、由、同、王、日、圆、用、凡、田这十个字的字形来比类取象的划分方法等。形象法的划分方法的优点是直观，可操作性强。抽象法，是根据人的外貌气质，心理状态，精神表现等方面的特点，结合对命运评断标准进行划

分的方法，古代普通分类有"六分法"。六分法分为富、贵、寿、贫贱、孤苦、夭。

古人认为富相可分为大富、中富两种：

大富的特征是：耳朵大且贴肉而生，鼻大如悬胆，脸黑而身白，背部丰隆厚实，声如洪钟，背部宽阔，胸部平坦，腹部大又下垂，头皮宽大等。

中富的特征是：身体及面部上、中、下三停匀称齐等，面部五岳丰隆高拱。头、面、身、手、足五者俱长，或五露俱全——即眼突、鼻仰、耳反、唇掀、结喉，眼细长如凤眼等。

大富、中富还有其共同的基本特征：形象敦厚，神态安定，气质清高，声音响亮，眉毛阔，耳朵厚实，口唇红润，鼻梁正直，面孔呈方形，背丰厚，腰板正，皮肤滑腻，腹大下垂，牙口整齐如同牛齿，昂首慢步好比鹅行。

总之，富相是腰圆背厚，鼻梁高耸，双颧隆起，口角方正，地阁方圆，四角丰隆；富相是气色红润清朗，身体肌肤柔软光滑，面部丰满，骨相清奇；富相是手背肉厚，行立坐卧，姿态端正，神情潇洒，举止稳重。

古人认为贵相分为大贵、中贵、小贵三种：

大贵的特征：头颈粗壮，下颌宽阔，眉骨高隆，伏犀骨隆起贯顶，眼睛端定，两手过膝，口大到能容下一拳，举手投足如龙行虎步，双眼细长如凤目等。

中贵的特征是：胡须硬如铁，双耳白净长于脸，眼黑似漆，身长脚短，口形方形如"四"字，牙齿有三十六颗且齐全，手指比手掌长等。

小贵的特征是：天庭饱满，地阁方圆，牙齿又白又大，眉清目秀，

口如角弓，嘴唇红润等。

贵相的共同特征是：脸黑身白，面粗身细，身体短小而声音洪亮，面部短而眼睛长，身体体味是清香。

以上这些对基本特征的叙述，全面地反映了古人对人体形象的看法，其中既带有典范性，又包括了东方文化特有的神秘性和玄虚性，仅供参考，不可绝对而论之。

人的姿容以"整"为贵

原典

容贵"整"，"整"非整齐之谓。短不豕蹲，长不茅立，肥不能餐，瘦不鹊寒，所谓"整"也。背宜圆厚，腹宜突坦，手宜温软，曲若弯弓，足宜丰满，下宜藏蛋，所谓"整"也。五短多贵，两大不扬，负重高官，鼠行好利，此为定格。他如手长于身，身过于体，配以佳骨，定主封侯；罗纹满身，胸有秀骨，配以妙神，不拜相即鼎甲矣。

译文

人的姿容以"整"为贵，这个"整"并非整齐划一的意思，而是要人整个身体的各个组成部分要均衡、匀称，使之构成一个有机的完美的整体，就身材而言，人的个子可以矮但不要矮得像一头蹲着的猪；个子

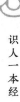

也可以高，但绝不能像一棵孤单的茅草那样耸立着。从体形来看，体态可以胖，但又不能胖得像一头贪吃的熊一样的臃肿；体态瘦也不妨，但又不能瘦得如同一只寒鸦那样单薄。这些就是本节所说的"整"。再从身体各部位来看，背部要浑圆而厚实，腹部要突出而平坦，手心要温润柔软，手掌则要形如弩弓。脚背要丰厚饱满，脚心不能太平，以自然弯曲到能藏下鸡蛋为佳，这也是所谓的"整"。五短身材虽看似不甚了了，却大多地位高贵，两脚长得过分的长往往命运不佳，一个人走起路来如同背了重物，那么此人必定有高官之运，走路若像老鼠般步子细碎急促，两眼又左顾右盼且目光闪烁不定者，必是贪财好利之徒。这些都是常见格局，屡试不爽。其他的容貌格局：如两手长于上身，上身比下身长，再有着一副上佳之骨，那么一定会有公侯之封。再如皮肤细腻柔润，就好像绫罗布满全身。胸部骨骼又隐而不现，纹秀别致，再有一副奇佳的神态的话，日后不是拜相就是入鼎甲之列。

容貌是一面镜子，折射的是一个人的内在品质，面颊是情感的标志，五官表达了他脏腑的心语，腰背流露了他岁月的情愫。请记住，每个人都要为自己的脸面负责，容貌会把很多密码储存。

古人认为人的面相脸型与人的成就具有密切关系。清朝举人会试三科不中，而年龄渐长，苦于生计艰难，需要俸禄来赡家时，可申请"大挑脸"，则纯然以貌取人。而以一字为评，长方为"同"字脸；圆脸为"田"字脸；方脸为"国"字脸，这都是能挑中的好脸；而冷落的则有上丰下锐的"甲"字脸；反之即为"由"字脸；上下皆锐则为"中"字脸，均不能重用。

就相貌来看人，最要紧的是"五官端正"，也就是《冰鉴》所言"容贵整"。端正即是匀称之意，"五短身材"之所以在相法上被视为贵格，就在匀称。就五官的个别而言，在男子眉宁粗勿淡，眼宁大勿细，鼻宁高勿塌，口宁阔勿小，耳宁长勿短，当然要恰如其分，过与不及，皆非美事。

明建文二年（1400年）策试中，有个叫王良的对策最佳，但以其貌不扬，被抑为第二，原本第二的胡靖被擢为第一。后来惠帝亡国，倒是王良以死殉国，而胡靖却投靠了永乐皇帝，做了高官。明英宗对朝臣的相貌也特别看重，天顺时，大同巡抚韩雍升为兵部侍郎，英宗发诏让大学士李贤举荐一个与韩雍人品相同的人继任。李贤举荐了山东按察使王越。王越人长得身材高大，步履轻捷，又喜着宽身短袖的服饰，英宗见后很是满意，说："王越是爽利武职打扮。"后来王在边陲果然颇有战功。

古人认为好的面色是：面相有威严，意志坚强，富有魄力，处事果断，无私正直，疾恶如仇；秃发谢顶，善于理财，有掌管钱物的能力；观颧高耸圆重，面目威严，有权有势，众人依顺；颧高鼻丰并与下巴相称，中年到老年享福不断；颧隆鼻高，脸颐丰腴，晚年更为富足；颧骨高耸，眼长而印堂丰满，脸相威严，贵享八方朝贡。

古人认为不好的脸色是：颧高脸颐消瘦，做事难成，晚年孤独清苦。颧高而鬓发稀疏，老来孤独；颧高鼻陷，做事多成亦多败。薄脸皮的人常常会被误认为高傲，或者低能。然而，脸皮薄的人并非一无是处。一般说来，脸皮薄的人，为人倒是比较坚定可靠的。他们是好部下，好朋友，在特定的狭小范围内，还可以充任好骨干。

相貌与性格密切相关

原典

貌有清、古、奇、秀之别，总之须看科名星与阴骘纹为主。科名星，十三岁至三十九岁随时而见；阴骘纹，十九岁至四十六岁随时而见。二者全，大物也；得一亦贵。科名星见于印堂眉彩，时隐时见，或为钢针，或为小丸，尝有光气，酒后及发怒时易见。阴骘纹见于眼角，阴雨便见，如三叉样，假寐时最易见。得科名星者早荣，得阴骘纹者迟发。二者全无，前程莫问。阴骘纹见于喉间，又主生贵子；杂路不在此路。

译文

人的面貌有清秀、古朴、奇伟、秀致四种区别，主要从科名星（印堂与眉毛之间）和阴骘纹（眼眶之下卧蚕宫上之纹）来辨别。科名星从十三到三十九岁这段时间是随时可见的；阴骘纹从十九岁到四十六岁这段时间里随时可见。一个人如果能同时具有科名星和阴骘纹的话，那么此人一定会成为非同寻常的人。即使只有一样也会宝贵。科名星是一种光气，时常出现在印堂与眉彩之间，时隐时现。有时像钢针，又时又像小球。它是一种红光瑞气，在饮酒后和发怒时最容易看见。阴骘纹常出现在眼角，阴天或者雨天便能看见，形状如三股叉，在人打瞌睡时最容易看见。有科名星的人年轻时就会取得功名，发达荣耀。有阴骘纹的人发迹则要晚些。两样都没有，前程就未卜了。阴骘纹如果出现在咽喉部

位，那就预示着主人将得贵子。阴骘纹如果生在其他部位，则不属于"生贵子"这个格局，因而也就不在论述之内了。

《冰鉴》此处所言似是古代相术之专业知识，对于非专业的普通人来讲，只需了解一下即可，无须深究。相貌虽是人天生的，但其与人的性格有着密切的关系。性格是指人对现实中客观事物经常的稳定的态度，以及与之相应的习惯化了的行为方式。一般情况下，性格的形成都会受到遗传因素的影响，但主要还是在后天的环境中磨炼出来的。并且，在定型之后，具有很强的稳定性，它对人的行为也会产生极大的支配作用。

体貌文秀清朗，姿容朴实端庄，神情自若，是聪明睿智灵活机巧的人，做事有创造性和进取心；质朴而不清秀的人则性格内向，性情孤傲，体貌高大，仪表堂堂，生此相者，掌重权，具有很强的决断力和行动力。

具有体形孱弱，神色浑浊萎靡，两肩缩、脖子长、脑袋偏、脚歪斜、凶神恶煞之相特征的人，多属于心地狭窄，性情卑劣的类型；体貌形状孤单瘦弱、削薄软弱的人，性情内向、怯懦，孤僻、意志薄弱，愚昧无知，为人处世没有主见，无所适从；粗俗鲁莽之相的人，性格可能反常不定，喜怒无常，不能自持。

长着孩子的脸形，却是年纪不小的成年人，虽然有未成熟的外表，却有着老成的表现，看起来使人觉得不协调。此种类型的人，可能喜欢以自我为中心，而且个性好强，所以也可称为显示性格。

"中年发福"的人，大多正值体力最旺盛的黄金时代。他们能够优越地顺应周围的人情事势，给人一种温馨感，他们多属于活动性的人。这种人虽然常施小计偷懒，但并不被人憎恨，他们中有一大部分人会被

周围的人体谅，从而还颇受欢迎。活泼开朗、乐于助人、行动积极、善良而单纯是这类人的性格特征，他们经常保持幽默感，显得充满活力，同时也有稳重、温文的一面。

这种类型的人，有很多是成功的政治家、实业家和临床医师。因为他们善解人意，头脑敏捷，拥有同时处理许多事情的才智，这是他们的最大长处。但是，有时候考虑问题欠缺一贯性，会造成常常失言，过于轻率，自我评价过高，喜欢干涉他人的言行等，这是其缺点。

眼睛是面部的两方水潭

原典

目者面之渊，不深则不清。

译文

人的眼睛如同面部的两方水潭，不深沉含蓄，面部就不会清朗明爽。

曾国藩不止一次地在《冰鉴》中提到人的眼睛，足可见眼睛在识人过程中的重要性。在这里，曾国藩说好的眼睛是深沉含蓄的，但事实上，人有百态，眼睛也是各有不同，若仅仅推崇深沉含蓄而把其他类型一概否定，则就会犯下以偏概全的错误。

大眼睛。古人认为这样的人的眼睛清澈明亮，永远反射出一种好奇的模样。他喜欢尝试任何事情，即使某件从前做过许多次的事，让他做起来有时都仿佛从没做过一般。有一部分大眼睛的人觉得睡觉是少数几件令其憎恨的事，因为他讨厌闭上眼睛，即使只闭上一秒钟，他也老大不愿意，因为怕错过某样东西。

深眼窝。古人认为假如一个人眼睛深嵌在眼窝之内，四周有强而有力的眉毛和高高的额骨包围，一般表示这个人喜欢探究，仿佛周遭的一切都经常处在一面放大镜的下面。他擅长区分极细的细节，可以侦测出一个人个性中的小缺陷。因此，这种人非常的挑剔，除非相当特别的人，否则很难进入他的生活中。

两眼相近。古人认为这样的人有可能是那种在某一方面能够取得相当成就，但又因为在另一方面未得到他人认同，而沮丧万分的人。他一直认为自己总是在最好的时机上，做了错误的选择。不过，他却又马上指出，这绝大部分是因为别人给了自己不恰当的建议。在他心中，每一个人都值得怀疑，事实上，有时候他的疑心病严重到连对待自己都小心翼翼。

两眼分得很开。古人认为这种人非常善良，凡事替别人着想，对人生看得很开。虽然他朝着自己的目标前进，但并不因此而盲目，也不会因此局限了自己的视野。他乐于帮助他人，一点儿也不嫉妒别人。受其帮助的人，经常问他该如何回报。那些人并不知道，让这个人提供帮助，便是给他的最大回报。

眼皮沉重。古人认为这样的人就像宠物一样可爱，想睡觉的眼睛也是这个模样，因此，睡觉成为他离开人群最好的借口，不需多说，这人说话多是轻声细语，行事轻松自在，但却保守退缩。

眉眼相距远。古人认为这样的人很大胆，而且能够一眼看穿任何人。他们灼热的眼神很容易便能够穿透，甚至粉碎大多数人的保护网。这种人喜欢证明自己有权威，而且常常会这么做，他时常不说一句话，却以冰冷的、可以洞悉一切的眼神，凝视着自己的对手，这种人有一颗深思熟虑和逻辑性很强的心。

眼睛上扬。古人认为眼睛上扬是假装无辜的表情，这种动作好像是在作证自己确实无罪似的。目光炯炯望人时，上睫毛极力往上压，几乎与下垂的眉毛重合，造成一种令人难忘的表情，传达某种惊怒的心绪，斜眼瞟人则是偷偷地看人一眼而不愿被发觉的动作，传达的是羞怯腼腆的信息，这种动作等于是在说："我太害怕，不敢正视你，但又忍不住地想看你。"

眨眼。眨眼的变型包括连眨、超眨、睫毛振动、挤眼睛等。连眨发生于快要哭时，代表一种极力抑制的心情。超眨的动作单纯而夸张，眨的速度较慢，幅度却较大，眨眼的人好像在说："我不敢相信自己的眼睛，因此，大大地眨一下以擦亮双眼，确定我所看到的是事实。"睫毛振动时，眼睛和连眨一样迅速开闭，是种卖弄花哨的夸张动作，好像在说："你可不能欺骗我啊！"

挤眼睛。挤眼睛是用一只眼睛使眼色表示两人间的某种默契，它所传达的信息是："你和我此刻所拥有的秘密，任何其他人无从得知。"在交际场合中，两个朋友之间挤眼睛，是表示他们对某项主题有共通的看法或感受，比在场的其他人都更接近。假如两个陌生人之间挤眼睛，则无论怎样，都有强烈的挑逗意味。由于挤眼睛意含两人之间存有不足为外人道的默契，自然会使第三者产生被疏远的感觉。因此，不管是偷偷或公然的，这种举动都被一些重礼貌的人视为失态。

由鼻子的外形识人

原典

鼻者面之山，不高则不灵。

译文

鼻子如同支撑面部的山脉，鼻梁不挺拔，面部就不会现机灵聪慧之气。

从鼻子的外形来说，曾国藩认为高鼻梁的人机灵聪慧。

古人认为下列鼻形也都有其可取之处：鼻如悬胆、鼻准圆红，家财丰厚；鼻耸天庭穴（两眉间印堂穴上面），声名远播；鼻体丰隆，准头圆润，且略带前凸，叫鹿鼻，多情多义，贤人达贵；鼻高昂直，高官尊贵；鼻直而厚，位列诸侯；山根、年寿平直，兰廷丰盈，家财丰厚，中晚年得志显贵；兰台对称，年寿、山根不露脊，鼻带光泽，家业兴旺之相。

古人认为下列鼻形不好：鼻梁不正，中年遇困；鼻梁无骨，恐遭夭折；鼻体露骨，多疑且心狠；露脊准尖是鹰嘴鼻，十恶不赦之人；两孔外露叫露孔鼻，家坏祖业之人；年寿部粗大鼓凸，叫孤峰鼻，多灾多难，伤家人之相。

近代也有通过鼻子的类型观人的说法：

（1）罗马型：具有这种鼻子的男女，必是精力充沛，好动、活泼、进取、奋斗、好辩、好胜的典型。这种鼻子的特征是：高鼻梁、凸出而长、鼻孔极深，有这类鼻子的人，喜欢和人辩论，他的智力常常是惊人的，他的缺点就是绝不认输。应付这种人，你绝不能和他强辩，你可以先赞同他的意见，然后巧妙地说出你的意见，使他不知不觉同意你。

（2）希腊型：这种鼻子或者叫艺术家型。它的特征是：直、长、细而凸出，类似中国相书所谓"伏犀鼻"。具有这种鼻子的人，大部分是内向型，性情和平、温柔，不走极端，富有艺术天赋，爱美，富于理想。如果"鼻如悬胆"，即鼻尖下垂一下"U"字形，这种人具有创造性精神，有组织才能，思想敏锐，人缘关系好。

（3）塌鼻型：类似中国相书所谓"狗鼻"。古书中认为有这种鼻子的人，他的能力低劣，也许是肺部的能力欠缺的原因，这种人大部分很懒惰。这种鼻子的特征是：凹进，好像没有鼻梁。

（4）掀鼻型：鼻梁露骨，鼻子上翻，假使只是鼻子向上翻，那他是一个乐天派，他的人生观就是"今朝有酒今朝醉"。这一种人还有一种习气，就是爱问东问西，假使你碰着这种人，你也许会感到这种人无聊。一般认为鼻子尖向上翻，鼻梁又露骨的话，他一定是倾家荡产的浪子。

（5）"鹰嘴鼻"：鼻子尖向下压，犹似一个钩，一般认为有这种鼻子的人，个性悭吝贪婪，自私自利，奸险妒诈。鼻子的形状像鹰嘴，尖向下垂成钩状，多攻击性强。

人们对于鼻子高低、大小等形状或种类所象征的性格，虽然有各种的说法，但那些究竟只是指固定不动的鼻子而言，却忽略了鼻子也有捉摸不定的动作，诸位不妨注意鼻子的动静，试着读出对方的心。

（1）鼻孔胀起时。在谈话中对方的鼻孔稍微胀大时，多半表示对您所说有所不满，或情感有所抑制。通常人鼻孔胀大是表现愤怒或者恐惧，因为在兴奋或紧张的状态中，呼吸和心率跳动会加速，所以会产生鼻孔

扩大的现象，因此，人在极度地高兴、愤怒之时往往表现得"呼吸很急促"。这说明其精神正处在一种亢奋状态。

（2）鼻头冒汗。有时这只是个人生理上的毛病。但平日没有这种毛病的人，一旦鼻头冒出汗珠时，应该就是对方心理焦躁或紧张的表现。如果对方是重要的交易对手时，必然是急于达成协议，无论如何一定要完成这个交易的情绪表现。因为他唯恐交易一旦失败，自己便陷入极大的不利局面，因此心情焦急紧张，而陷入一种高度紧张的状态，以致鼻头发汗。而且，紧张时并非仅有鼻头会冒汗，有时腋下、手心等处也会有冒冷汗的现象。没有利害关系的对方，产生这种状态时，要不是他心有愧意，受良心苛责，就是因为隐瞒某个秘密产生了紧张。

（3）鼻子的颜色变化。鼻子的颜色并不常发生变化；但是如果鼻子整个泛白，一般就显示内心有所恐惧。如果对方与自己无利害关系，多半是他踌躇、犹豫的心情所致。有时，这类情况也会出现在向女子提出爱情的告白却惨遭拒绝、自尊心受到伤害、又无从发泄时。此外心中困惑、有罪恶感、尴尬不安时，鼻子有时也会泛白。

上述的鼻子动作或表情极为少见，而平常人更不会去注意这些变化，但若想读出对方心理，就必须详加注意他鼻子的动作、颜色和目光的动向等，因为它可以帮助你做出正确的判断。

（4）鼻子的小动作。皱鼻子一般表示厌恶；歪鼻子一般表示不信；鼻子抖动一般是紧张；鼻子抽搐一般是闻到怪味；鼻孔箕张一般代表发怒或恐惧；哼鼻子有排斥的意味；嗅鼻子是闻到任何气味都有的反应。

有时当人想骗人的时候，会不经意地用手抚摩鼻子；思考难题或极度疲乏的时候，会用手捏鼻梁；厌倦或挫折的时候，常则用手指挖鼻孔。

这些触摸自己鼻子的动作，都可视为自我安慰的信号。

如果有人问我们一件难以答复的问题，我们为了掩饰内心的混乱，而勉强找出一个答案应付时，有时很自然的，手会挪到鼻子上，摸它、揉它、捏它，甚至压挤它，好似内心的冲突会给精巧的鼻子造成压力，而产生一种几乎不为人所知觉的瘙痒感，以至于我们的手不得不赶来救援，千方百计地抚慰它，想要使它平静下来。这种情形见诸不惯于撒谎的人，在他不得不隐瞒真相时最为明显，有经验的人很快可从鼻子上看出别人的隐情。

考虑难题时有人会捏一捏鼻梁，这个动作可能也是基于相同的理由，鼻梁下的鼻窦部位由于紧张则产生轻微的痛感，用手指捏一捏鼻梁可以减轻疼痛。

大嘴有大福

 原典

口阔而方禄千种，齿多而圆不家食。

原典 译文

嘴巴宽阔又方正的人，享千钟之福禄，牙齿细小而圆润，适合在外地发展事业。

跟其他面部器官一样，看嘴识人首先看嘴形。古人认为下列嘴形为好：口大容拳、口形方阔，位列高官；口赤如丹，富享荣华；口不见唇，仪态威严；口角上弯，意志刚强；两唇上下平齐叫龙口，若仪态威严之人，终将位列朝班；两唇厚丰且舌长齿白叫牛白，衣食充隆；口弯大宽阔可容拳，叫虎口，尊贵之相；口小如抹胭脂，叫樱桃口，在女人则灵巧窈窕，在男人则不值称赏。

古人认为下列口形则不好：口角不张、口撮紧缩，贫寒破败之相；口角下垂，钱财拮据；口如吹火形、口唇纹乱，皆孤苦之人；两唇不合皱纹侵乱，叫皱纹口，心狠运差。

从外表来看，嘴唇是嘴的主体，古人认为通过嘴唇也可以看到一个人的性格。

唇宽厚的人，又表示其个人欲望高；唇薄的人，性格好辩，伶俐机警，外刚内怯，沉着冷静，而且是个薄情专人；长唇的人，竞争心甚强，重现实，能力强；短唇的人，富于理想，缺乏果断力，犹豫不决，易于动摇；唇两端下垂的人，乐观、积极、进取、富于希望，为人富于幽默感，和蔼可亲；下唇长，上唇短，女性爱好文艺，温柔多情。男性则庸碌之辈，甚至愚昧无能。

从唇的颜色来看：唇色红润的人，其人消化营养必定良好，故精力充沛，能力强，性格好动、活泼、必然易趋于外向型；唇色青白的人，他的身体可能有毛病，或者消化营养有问题，这种人常易趋于懒散、消极、悲观，做事毫无魄力，意志不强，为柔软胆怯之流。

樱桃口，性格爱美，温柔多情；方口，口的形状有点四方，口角两边也齐，这种人能力强，重实际，好享受；掀唇（口如吹火），这种人

能力弱，缺乏果断力，一生孤苦无依；唇的两端低垂，这种人奸猾，贪心，性狠；唇的两端上翘，这种人乐观，不平凡，常能一鸣惊人。

另外，人的嘴部的动作也能够鲜明地表现人的态度来。一般来说，一个人口唇部分的变化，主要有以下几种情况：

把嘴抿成"一"字形，是个坚强的人，他一定能完成任务；张开嘴而合不上，是个意志不坚定的人；注意听对方说话时，嘴唇两端会呈现稍稍拉向后方的状态；人的嘴唇往前空撅的时候，是一种防卫心理的表示；下巴抬高，十分骄傲，优越感、自尊心强，望向你时，常带否定性的眼光或敌意；下巴缩起，此人疑心病很重，容易封闭自己，不易相信他人。

时常舔嘴唇的人，内心压抑着因兴奋或紧张所造成的波动；说谎时，常口干舌燥地喝水或舔嘴唇；打呵欠是想暂时逃避当场意识的欲求表现；清嗓门的动作且声音变调之人，是对自己的话没有把握，具有杞人忧天的倾向；男性常见咬住烟头，用唾液加以润湿的动作，可能为不成熟的幼儿心理；人的嘴唇往前突撅，可能是一种防卫心理的表示。

情态第四

精神是本质，情态是现象，要涉及人本质，须从神入手，而情态是精神的流韵，常常能够弥补精神的不足。因此，《冰鉴》建议在考察人物时，要从初观情态、深察精神两个层次和步骤展开。

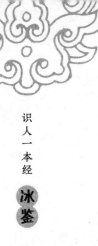
从情态上看一个人

容貌者，骨之余，常佐骨之不足。情态者，神之余，常佐神之不足。

容貌是骨体进一步的外在表现，观之可以弥补我们在"骨相"上品鉴的不足。情态是精神的显露，能清楚表明人的精神状态。

曾国藩对"情态"十分重视。"情态"与平常所说的"神态"有没有区别呢？曾国藩认为，"神"与"情态"有非常紧密的关系，它们是里与表的关系。

"神"蓄含于内，"情态"则显于外；"神"以静态为主，"情态"以动为主；"神"是"情态"之源，"情态"是"神"之流。

"情态"是"神"的流露和外现，二者一为表，一为里，关系极为密切，所以说"情态者，神之余"。如上所述，如果其"神"或嫌不足，而情态优雅洒脱，情态就可以补救其"神"之缺陷，所以说"常佐神之

不足"。

任何一个人，其性格作风、思想境界、专业能力、学识水平等，也就是曾国藩所言"情态"与"神态"，都是在不断发展变化的。有的人越变越好，小才变为大才，歪才变为良才；有的则由好变差，由风华正茂变为江郎才尽。所以要于万千人当中寻得人才，必须以发展的眼光看人。

早年的李鸿章桀骜不驯，目中无人，并且带有一种虚伪性，远非重朴质的曾国藩所能看得过。但曾国藩看出李鸿章确有才干可用，日后必成大器，遂予重用。在后来长期的磨炼中，李鸿章逐渐改变其浮巧和锋芒毕露的弱点，越发稳重和坚忍，最终青史留名。曾国藩以发展的眼光看人，的确高人一筹。

汉代叱咤风云的大将韩信，早年家贫，又不会做买卖，常寄食于别人，众人多嫌弃他。淮阴屠户当众欺负他，使他蒙受"胯下之辱"。他后来投奔项羽，不受重用。汉丞相萧何不计其过往劣迹，慧眼识真才，发现他具有卓越的军事潜能。萧何月下追韩信，向刘邦保举其为大将军，并鼓励他施展才华。在漫长的楚汉战争中，韩信充分发挥了他的军事才能，为刘邦建功立业出了大力。

如果刘邦总是用韩信受过胯下之辱的往事来估量韩信的才能，而没用发展的眼光看他，则韩信就只能成为别人眼中的武夫、无能之辈，一代人才就会被埋没。

从上面的事例中可以清楚地看出，用静止、孤立的观点看待人，会把活人看成"死人"。只有在发展中看人，才能真正做到知人、识人的客观公正。

反观今天的某些企业管理者，平时总是嘴上说自己观察人是多么仔

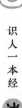
细、多么准确，并且总是能够首先看到人家的发展方向。这些话让手下人不免为之心动。可在实际工作中，他们却往往总是一提到某人，就先从这个人以往的某几件事情上大肆议论，历数他过去的种种过失，然后，就轻易地下结论说，这个人似乎也就这样了，以后难有作为。这种用静止的眼光识人的做法，实际上是非常愚昧、狭隘的。

大家都知道，日行千里的良马，如果没有遇到伯乐，就会被牵去与驴骡一同拉车；价值千金的玉璧，如果没有善于鉴别的玉工，就会被混同于荒山乱石之中。对于人才，如果不用长远、发展的眼光看其潜力，就会被埋没。

具有潜质的人有如待琢之玉，似蒙土的黄金，暂时没有引起世人的重视，没有得到公众的承认，若没有独具慧眼的"伯乐"，是难以发现的。

千里马若不遇伯乐，恐怕要终身困守在槽枥之中，永不得向世人展示其"日行千里"的风采。许多具有潜质的人都是被具有发展眼光的"伯乐"相中的，同时，又得到了一个发展成长、施展才华的机会，最终才获得成功。

在发现"千里马"之后，用人者应注意做到下面几点：

鼓励他在公开场合阐明自己的观点和建议，这样做为的是增加他对你的信任，以及对公司的归属感，表明他的建议受到你的重视。

视他为管理工作上的一项挑战，有些管理方法，对待水平较低的下属或许绰绰有余，而在优秀人才眼中，你只是代表一个职位、一个虚衔，并不表示你的才干胜过所有的人，要他们全听你的，并不是一件很容易的事。

给他明确的目标和富有挑战性的工作，卓越人才行事都异于常人，但又有出乎意料的成功；你给他们明确的目标和富有挑战性的工作，他

定会感到被看重而满怀工作激情。

对他突出的贡献给予特别的奖励，在你还没有给他更高的报酬时，一些特别的奖励是必要的。对于他对公司突出的贡献，如无特别待遇，动力就会减弱，但不表示他不再追求进步。

适时地赞美他的表现，不要担心他会被宠坏，在他有了杰出表现之后，适时地加以称赞和鼓励。假如你对他冷漠，会使敏感的他以为你是在嫉妒他。

推荐一些对他有帮助的书籍，"学如逆水行舟，不进则退"。如果你将卓越人才的工作安排得密密麻麻，这样他就没有时间学习新事物，不断的工作将使他精神疲累。卓越人才并不是万能的，他也有不懂的事物。

总之，人是在发展变化中走向成熟和卓越的，总是在不断总结经验教训中增长才干、发挥才能。善于用发展的眼光来识别人，才是唯物主义的科学态度。

其实，作为知人、识人者，真正以发展的眼光来识别人，实际上也正是他自身素质不断提高的过程。

有大家风度，羞涩又何妨

 原典

大家举止，羞涩亦佳。

译文

举止有大家风度的人，他的羞涩情态都显得优雅得体。

"大家"，指学识修养深厚渊博、举止庄重大方、贴切得体之人。古有一语，最为传神："大人之风，山高水长。"其风貌情态除此八字外，再找不到更为贴切之词了。大家的举止，以不疾不徐、大方得体为要，非一时的装作虚饰所可比拟。比如气度豪放，一时之态可以虚饰，但终生不改其豪放，则是难之有难，不出于本性，是做不到的。

羞涩、内向型人的心理表现，也属一种女儿态，但与猥琐、小女儿家似的扭捏作态不可等量齐观，而是见人脸红、不善交际，开口讷讷，虽如此，但情态仍安详静穆，娴雅冲淡，一动一静，一颦一笑皆不失大家风度，不落常人俗套。这种羞涩仍是一种佳相，即所谓"羞涩亦佳"。

害羞是人类独有的心理和情感表达方式，这种行为是人类文明进步的产物。害羞是人类最天然、最纯真的感情现象，它是一种感到难为情、不好意思的心理活动，它往往伴随着甜蜜的惊慌、异常的心跳，外在的表现就是态度不自然，脸上荡漾起红晕。相比于男人，女人更容易害羞。女人脸上的红晕，就是由害羞而绽放的花朵。女人害羞是一种美，是一种特有的魅力。

羞色朦胧，魅力无穷。害羞是一种蕴藉的柔情，更是一种柔情的蕴藉；害羞是一种含蓄的美，更是一种美的含蓄。

如何辨识不成熟的人

小儿行藏，跳叫愈失。

不成熟的人愈是叫嚣得厉害，愈暴露无遗。

不成熟的人外在的表现有多种多样，其中最为突出的就是爱显摆，显摆自己博学多才，显摆自己无所不能。听不进好的意见或建议，一旦遇到别人反驳就寸步不让、针锋相对。在曾国藩看来，这些人越是这样就越显得他们不成熟，显得他们无知。

先哲孔子曾经说过："知之为知之，不知为不知，是知也。"他的话告诉我们这样一个哲理：在现实生活中，许多人不愿意说出"不知道"这三个字，认为那样做会让别人轻视自己，使自己很没面子，结果却适得其反。

一贯谦虚谨慎的曾国藩深知这一点，他说：细想古往今来，亿万年无有终期，人们生活在这中间，数十年只是须臾瞬息。大地数万里，不能穷极，人在其中休息游玩，白天犹如一间房子，晚上犹如一张卧榻。古人的书籍，近人的著述，浩如烟海，人们一生所能读的不过九牛一毛。事情复杂多样，可以获得美名的道路也有千万条，人们一生中力所能及

之事，不过如太仓一粟。知道上天悠悠无穷期，自己的生命非常短，那么遇到忧患和不顺心之事，应当稍稍忍耐以待其自消；知道大地的宽广，而自己在大地中占据的位置非常小，那么遇到荣耀名利相争之时，应当退让三分，以柔顺处之。知道古今人们的著述非常丰富，而自己的见识非常浅陋，那么就不敢以一己之见而自喜，应当择善而从，并以谦虚的美德而保持它。知道事情复杂多样，而自己所办的事情非常少，那么就不敢以功名自矜，应当思考推举贤才而一起去完成伟大功业。如果这样，那么自私自满的观念就可渐渐消除了。

曾国藩认为，一个人不论是智慧绝顶者，还是大仁大智者，都是有缺欠的，不可能完美无缺。相反，愚笨至极的人也有可爱之处。本着这样的想法，尤其是他认为自己属于"中材"，或接近于"笨"的一类，因而更注意吸取他人之长，以补一己之短。他的幕府就像一个智囊团，有什么疑难问题，都可以出高招，献良策。

在同幕僚长期合作共事的过程中，曾国藩经常以各种形式向幕僚们征求意见，在遇有大事决断不下时尤为如此。有时幕僚们也常常主动向曾国藩投递条陈，对一些问题提出自己的见解和解决办法，以供其选择。幕僚们的这些意见，无疑会对曾国藩产生重要影响，这样的事例可以说是俯拾即是。如采纳郭嵩焘的意见，设立水师，湘军从此名闻天下，也受到清廷的重视，可以说是曾国藩事业初期成败之关键。1854 年，太平军围困长沙，官绅求救，全赖湘军。而羽翼尚未丰满的湘军能否打好这一仗，事关存亡之大。曾国藩亲自召集各营官多次讨论战守，又在官署设建议箱，请幕僚出谋划策。曾国藩最终采纳陈士杰、李元度的意见，遂有湘潭大捷。1860 年秋，是湘军与太平军战事的关键时刻，英法联

军进逼北京，咸丰帝出逃前发谕旨令鲍超北援。曾国藩陷入极难境地：北上勤王属君国最大之事，万难推辞；但有虎将之称的鲍超一旦北上，兵力骤减，与太平军难以对峙，多年经营恐毁于一旦。曾国藩令幕僚各抒己见，最后采纳李鸿章"按兵请旨，且无稍动"的策略，度过了一次危机。不久，下安庆、围天京，形成了对太平军作战的优势。而那些闻旨而动的"勤王军"，劳民伤财，却贻笑天下。其他如采纳容闳的意见，设"制品之器"，派留学生出国，使他成为洋务派的领袖。类似事例，不胜枚举。可以说，曾国藩是把众人的智慧为己所用的典型人物。他自己深得众人相助之益，也多次写信让他的弟弟曾国荃如法炮制。他还劝曾国荃"早早提拔"下属，再三叮嘱："办大事者，以多选替手为第一义。满意之选不可得，姑且取其次，以待徐徐教育可也。"其后曾国荃屡遭弹劾，曾国藩认为是他手下无好参谋所致。

与此相对，曾国藩拒绝幕僚的正确建议，而招致失败或物议鼎沸的事例也不少。如天津教案的处理，大多数幕僚通过口头或书面形式，直接对曾国藩提出尖锐批评，态度坚决，但曾国藩一意孤行，杀害无辜百姓以取悦洋人。其结果，"责问之书日数至"，全国一片声讨声，"汉奸"、"卖国贼"的称号代替了"钟鼎世勋"，京师湖南同乡，将会馆中所悬曾国藩的"官爵匾额"砸毁在地，几十年以来积累的声望一日消失殆尽。曾国藩晚年对未听幕僚劝阻颇为后悔，"深用自疚"，"引为惭愧"。他在给曾国荃和曾国潢的信中说："天津之案物议沸腾，以后大事小事，部中皆有意吹求，微言讽刺"，"心绪不免悒悒"。

总体而言，曾国藩能够虚心纳言，鼓励幕僚直言敢谏，这与他在事业上取得一些成功有很大关系。有人评论说：曾国藩"以儒臣督师，芟

夷蕴崇，削平大难，蔚成中兴之业，因由公之英文钜武，蕴积使然，亦由幕府多才，集众思广众益也"。

古希腊著名哲学家苏格拉底也曾说过："就我来说，我所知道的一切，就是我什么也不知道。"苏格拉底以最通俗的语言表达了进一步开阔视野的强烈愿望。

如果一个人对自己不明白的问题加以隐瞒，不去向别人请教，在别人面前仍然不懂装懂，那他就是"太无知"、太虚伪了。人不懂并不可怕，可怕的是不懂装懂。在这个世界上，没有一生下来就上通天文、下知地理、晓古通今的人，人们都是在不断的学习探索中充实自己。只有虚心向别人学习、不耻下问，才能不断进步。其实，对自己不知道的事情，坦率地说不知道，反而更容易赢得别人的尊重。

心理学家邦雅曼·埃维特曾指出，平时动不动就说"我知道"的人，不善于同他人交往，也不受人喜欢，而敢于说"我不知道"的人，则显示的是一种富有想象力和创造性的精神。埃维特还说，如果我们承认对某个问题需要思索或老实地承认自己的无知，那么我们自己的生活方式就会大大改善。这就是他竭力倡导的态度，人们可以从中受到教益。

凡是聪明的人，都明白"没有人知道一切事情"的这个事实。他们面对不了解的事情能够坦然地说自己不知道，随后就去寻找他们所欠缺的知识。承认自己不知道无损于他们的自尊，对于他们来说，"不知道"是一种动力，促使他们积极采取行动，进一步了解情况，求得更多的知识。

正因为人的心理通常是隐恶扬善的，所以人们会想尽办法来掩饰自己不知道的事情，宣扬自己所知道的事情。有时候，为了隐藏自己的弱点和无知，人们喜欢摆出一副不懂装懂的姿态，殊不知这样反倒给人一

种浅薄的感觉。

　　一般人都有不想让别人看出自己弱点的心理，因此很难开口说"不知道"。殊不知，有时对自己不知道的事情坦率地说不知道，反而可以增加人们对你的信任和亲近。因为直截了当地说不知道，会给人留下非常诚实的印象，并且敢于当众说不知道，其勇气足以让人佩服。这样，对你所说的其他观点，人们会认为一定是千真万确的，因此对你也就会更加信任。

　　每个人的知识面都是有限的，学问上的精通是相对的，认知上的缺陷是绝对的。世上没有无所不知、无所不能的"全才"，尽管人们都在朝着这个方向努力。"知而好问然后能才。"聪明而不自以为是，并且善于向别人请教的，才能成才。敢于承认"不知道"，正是求得"知道"的基础；"不知道"的强说"知道"，自作聪明、自欺欺人，最终只会贻笑大方。

　　做人还是谦虚一点为上，有点自知之明才会有更大的发展空间。尤其是对于识人者而言更应如此。古人说："知人始己，自知而后知人也。其相知也，若比目之鱼；见形也，若光之于影也。其察言不失也，若磁石之取针，舌之取燔骨。"这就是说，知人必先自知，不了解自己，也就无法了解对方。人和人之间的相知，如比目鱼须相并而行，如光生而影见，不可或缺其中任何一方面。圣人察言，绝无失误，正如磁石吸引针，舌头吸炙骨。

　　有一句古谚语说得好，"你的知识并不重要，你是怎样的人才重要。"这就需要人努力地剖析自我、认识自我、省察自我、修炼自我，再现自我的良好形象。

人贵有自知之明。作为识人者，自知是非常重要的。老子说过："知人者智，自知者明"。只知彼，不知己，虽称得上是智者，但还算不上是明白人。识人者不但要尽可能了解他人，更应该充分地了解自己，清醒地认识自己，只有知己，方能知人。

由日常的各种习惯行为看人

原典

大旨亦辨清浊，细处兼论取舍。

译文

观人要在大处分明清浊，小处观其行止，最后得出结论就可加以取舍。

心理学家莱恩德曾说过这样的话，他说："人们日常做出的各种习惯行为，实际反映了客观情况与他们的性格间的一种特殊的对应变化关系。"

在我们的日常生活中，会自然而然地产生并形成一些具有某种特定意义的小动作。因为这是在不知不觉中形成的，所以具有很强的稳定性，因此，很难改正过来。改正不过来，就随身携带，这就为我们通过这些小动作去观察、了解、认识一个人提供了必要的方便。

两脚自然直立或并拢，把双手背在背后，这是一种充分表现出自信

心理的姿态。

两手习惯插在衣服口袋里，并不时地伸出手来然后又插进去，两脚自然站立，此类型人的性格一般来说大多是比较小心谨慎的，任何事情想得都要比做得多，但有时由于想得过多，瞻前顾后，行动起来常常畏首畏尾，反而不能大刀阔斧，因此，最后的结果反倒不会让自己太满意。在学习、生活和工作当中，这样的人大多缺少灵活性，为了避免风险，多用一些老套的方法去解决问题。这样的人害怕失败，是因为他们没有承受失败的良好心理素质，在挫折、打击和困难面前，他们往往怨天尤人、灰心丧气，而不从自己身上寻找原因。

在很多时候，除用语言之外，人们还习惯于用"点头"和"摇头"来表示自己对某一事物的看法——是肯定还是否定。常常习惯于做这样动作的人，虽然很会表现自己，却也很容易引起他人的反感，产生不愉快的情绪，因为这种表示有些时候会被人误以为是敷衍。一般而言，常常摇头或点头的人，他们的自我意识都是很强的。一旦打算做某一件事情，就会非常积极地投入其中，并尽自己最大的努力。

一时忘记了某件事情，冥思苦想老半天也没有丝毫的头绪，但在突然的一个瞬间，想起来了，许多人都会拍一下脑袋，叫一声"想起来了"。还有，对于某一个问题陷入困境当中，一时想不到好的解决办法，在突然之间有了灵感，也会做拍脑袋的动作。另外，就是做错了某一件事后，有所醒悟，对此表示十分后悔，也多会这样做。虽然同样是拍打脑袋，但部位却有不同，有的是拍打后脑勺，有的是拍打前额。拍打后脑勺多是处于思考状态，这种动作的最大目的就是为了放松自己，以想到更好的应对办法，而拍打前额，则多表示事情不管是好还是坏，至少已经有了一个结果。

有些人心里想的、嘴上说的、手上做的常常会很不一致，比如，对于某一件东西，其实他是非常想得到的，但当他人给予时，他却进行拒绝。此类型的人大多数比较圆滑和世故，且能十分老练而又聪明地处理各种各样的人际关系。他们不到迫不得已时，是不会轻易地得罪别人的，即使得罪了，也会想方设法地去弥补，使之有挽回的余地。

常常触摸自己头发的人，其个性大多数非常鲜明而又突出的，他们是非善恶总是分得相当清楚，且不肯有一点点的马虎和迁就。他们具有一定的胆识和魄力，喜欢标新立异，去做一些比较刺激、别人不敢做的冒险事情。有此习惯的人会不时地取笑和捉弄他人一番。应该承认，他们当中有一些人的文化素质和修养并不是特别高，但并不是绝对的。

习惯用腿或脚尖使整个腿部颤动，有时还用脚尖或者以脚掌拍打地面，这样的人大多懂得自我欣赏，有一些自恋情结。但他们比较封闭和保守，在与人交往中会有所保留，并且不太容易与他人建立良好的关系。

在与人交谈时，几乎总是伴随着一些手势或动作，以对所说的话起解释、强调和说明、补充的作用，如摊开两手、拍打手心，等等。一般来讲，有此习惯的人，自信心都很强，具有果断的决策力，凡事说做就做，有一股雷厉风行的洒脱劲儿，很有气势。他们大部分属于比较外向型的人，在什么时候都极力想把自己打造成为一个核心的人物。

在很多时候，习惯摊开双手的动作，意在表示很为难、很无奈，它似乎在告诉别人"我也无能为力，没有好的办法，你让我如何是好啊"的意思，同时可能还伴有耸肩的姿势，这从某一个侧面说明了这是一个比较真诚、坦率的人，当自己无能为力时，可以直言相告，而不是虚伪

地去努力掩饰。

在与别人交谈交往的过程中，自然地解开外衣的纽扣，或者干脆把外衣脱掉，此动作表示这个人在很多时候是相当真诚和友善的，说明他对交谈、交往的对象并没有持太多虚伪的礼节，因为在一定的场合，这样的动作极有可能会被误以为是对对方不尊重、不礼貌的行为，而他没有过多地注重这些，显然是因为没有把对方当作是外人。至于那些一会儿把纽扣扣上，一会儿又解开的人，给人的感觉似乎就不太舒服。而这样的人又大多意志不坚定，做事犹犹豫豫，迟疑不决，缺少果断的作风。

双手叉腰大多数是在十分气愤时所表现出来的一种动作，这种人的性格中多含有比较执着的一面，凡事追求完整和清楚，而不会在没有完全解决或弄清楚的时候就半途放弃。有时也可以是自己作为一个旁观者，观察某一件事或某一个人，含有一定要看个究竟的心理。

当一个人用手摸后颈时，多是出现了悔恨、懊恼或是害羞的心理情绪，这种人性格多是比较内向的，遇到某些事情时，常会以一些动作来掩饰自己的情绪。

疏懒的人要吃亏

 原典

坐止自如，问答随意，此疏懒态也。

译文

　　想做什么就做什么，想怎么说就怎么说，不分场合，不论忌宜，这就是疏懒态。

　　中国人自古以来都把面子看得很重，那些"坐止自如，问答随意"不顾别人面子的"疏懒态"之人，肯定会吃亏。

　　明太祖朱元璋出身贫寒，做了皇帝后，自然少不了有昔日的穷哥们儿到京城找他。这些人满以为朱元璋会念在昔日共同受罪的情分上，给他们封个一官半职，谁知朱元璋最忌讳别人揭他的老底，以为那样会有失面子，更损自己的威信，因此对来访者大都拒而不见。

　　有位朱元璋儿时一块儿光屁股长大的好友，千里迢迢从老家凤阳赶到南京，几经周折总算进了皇宫，一见面，这位老兄便当着文武百官大叫大嚷起来："哎呀，朱重八，你当了皇帝可真威风呀！还认得我吗？当年咱俩可是一块儿光着屁股玩耍，你干了坏事总是让我替你挨打。记得有一次咱俩一块儿偷豆子吃，背着大人用破瓦罐煮，豆还没煮熟你就先抢起来，结果把瓦罐都打烂了。豆子撒了一地。你吃得太急，豆子卡在嗓子眼儿还是我帮你弄出来的。怎么，不记得啦？"

　　这位老兄还在那儿喋喋不休唠叨个没完，宝座上的朱元璋再也坐不住了，心想：此人太不知趣，居然当着文武百官的面揭我的短处，让我这个当皇帝的脸往哪儿搁。盛怒之下，朱元璋下令把这个穷哥们儿拉出斩了。

　　其实，这位老兄并没有做错任何事情，只是过于老实地说出了几句大实话，而没有注意要给当今的一国之君留点面子。皇上在恼羞成怒的

情形之下，又哪顾得上什么兄弟情谊，所以在待人处世中，必须注意要给别人留足面子，这也就是很多待人处世高手不轻易在公开场合批评别人的原因，宁可高帽子一顶顶地送，也不能戳到别人的痛处，让对方丢掉了自己的面子。而且，如果你照顾到了对方的面子，对方也会给你面子，人与人之间的关系也会因此而更加和谐。

那么，对于那些被"疏懒态"所困的人，在待人处世中，怎样才能顾及别人的面子，处理好人与人之间的"面子问题"呢？

第一，要善于择善弃恶。在待人处世中要多夸别人的长处，尽量回避对方的缺点和错误，"好汉不提当年勇"，但又有谁人愿意提及自己不光彩的一页呢？特别是如果有人拿这些不光彩的问题来作文章，就等于在伤口上撒盐，无论谁都是不能忍受的。

第二，指出对方的缺点和不足时，要顾及场合，别伤对方的面子。有一个连队配合拍电影，因故少带了一样装备，致使拍摄无法进行。营长火了，当着全连战士的面批评连长说："你是怎么搞的，办事这么毛毛躁躁，就连上战场也装备不齐？"连长本来就挺难过的，可营长偏偏当着自己的部下狠狠批评自己，自然觉得大失面子，于是不由分辩道："我没带是有原因的，你也不能不经过调查就乱批评！"营长一下子蒙了，弄不懂平时服服帖帖的连长怎么会这样顶撞他。事后，在与连长谈心交换意见时，连长说，"你当着那么多战士的面批评我，我今后还怎么做工作？"从这个事例中不难发现，假如营长是背后批评，连长不仅不会发火，还会虚心接受批评。营长错就错在说话没有注意时机和场合。

第三，巧给对方留面子。有时候，对方的缺点和错误无法回避，必须直接面对，这时就要采取委婉含蓄的说法，淡化矛盾，以免发生冲突。

古时候，吴国有个才子，名叫孙山。他与乡里某人的儿子一同参加科举考试。考完后，孙山先回到了家，那个同乡的父亲就向孙山打听自己的儿子是否考上了。孙山笑着回答说："解名尽处是孙山，贤郎更在孙山外。"孙山的回答委婉而含蓄，既告诉了结果又没刺到对方的痛处：如果孙山竹筒倒豆子，直告对方落榜，那么对方的反应就可想而知了。可惜的是，在现实环境的待人处世中，我们周围许多人说话往往太直接，结果好心办了坏事。

此外，在与人交往的过程中，为了"面子上过得去"，还必须对对方有一个充分的了解，做到既了解对方的长处，也了解对方的不足。因为每个人都会有自己的个性和习惯，有自己的需求和忌讳，如果你对交际对象的优缺点一无所知，那么交际起来，就会"盲人骑瞎马"，难免踏进"雷区"，引起别人的不快。

俗话说得好，"打人不打脸，骂人不揭短"，如果说话办事做不到体谅他人，顾及别人的面子，那就永远不会有好人缘，更别说得到高看和重用了。

善于周旋的人必是佼佼者

 原典

饰其中机，不苟言笑，察言观色，趋吉避凶，则周旋态也。

译文

把心机深深地掩藏起来，处处察言观色，事事趋吉避凶，与人接触圆滑周到，这就是周旋态。

周旋态与疏懒态恰恰相反，这些人大多是人群中的佼佼者，不仅智商高，城府深，而且灵巧机警，谦虚忍让，善于控制自己的感情，随遇而安的本事很好，待人接物谨慎细心，应付自如，游刃有余，不仅在书海中有遨游的天才，也能在交际、官场中挥洒灵便，甚至有如神助。在黑白、官商、文武中都可找到自己的位置。解决问题能力强，适于独当一面。如果周旋之中别有一股强悍雄健气，则是难得的大人才。

周旋态最突出的优点就是谦虚忍让、屈伸适时，这些特点在时局对己不利的情况下是极其适用的。

中国古代经典著作《周易》提出"潜龙勿用"的思想，即在一定条件下，等待时机，卷土重来。孔子在《易系辞》中，则以尺蠖爬行与龙蛇冬眠作比喻，进一步解释什么叫"潜龙勿用"，他说："尺蠖之屈，以求伸也；龙蛇之蛰，以存身也。"宋朝的朱熹则进一步发挥这一思想，认为"屈伸消长"是"万古不易之理"。他提出，在时机未到之际，要"退自循养，与时皆晦"，要学会"遵养时晦"，即隐居待时。

明代冯梦龙在其著作《智囊》中，认为人与动物一样，当其形势不利时，应当暂时退却，以屈求伸，否则，必将倾覆以至灭亡。他说，智是术的源泉；术是智的转化。如果一个人不智而言术，那他就会像傀儡一样，百变无常，只知道嬉笑，却无益于事，终究不能成就事业。反过来，如果一个人无术而言智，那他就像御人舟子，自我吹嘘运楫如风，无论什么港湾险道，他都能通行，但实际上真的遇有危滩骇浪，他便束手无策，呼天求地，如此行舟，不翻船丧命才怪呢！蠖会缩身体，鸷会伏在地上，都是术的表现。动物都有这样的智慧，以此来保全自身，难道我们人类还不如动物吗？当然不是。人更应该学会保护自己，以期发展自己。

不知其中道理的人说："圣贤之智，也有其用尽的时候"。知其缘由的人却说："圣贤之术，从来也没贫乏的时候。"温和但不顺从，叫做委蛇；隐藏而不显露，叫做缪数；心有诡计但不冒失，叫做权奇。不会温和，干事总会遇到阻碍，不可能顺当；不会隐蔽，便会将自己暴露无遗，四面受敌，什么事也干不成；不会用诡计，就难免碰上厄运。所以说，术，使人神灵；智，则使人理智克制。

冯梦龙的屈伸之术，通俗易懂，古今结合，事理结合，具有一定的说服力。纵观历史，很多历史人物，要想成就自己的事业，实现自己的理想，在必要的时候，大多使用屈伸之术，以保存自己，等待时机，以求东山再起，或另立山头。历史也说明，善于使用屈伸之术，该屈则屈，该伸则伸，较好地掌握并运用屈伸辩证法，是许多历史人物成功的重要途径。

（1）用语言或行动，掩饰自己，以应付突如其来的事变

这种人，善于伪装，随机应变，以逃避敌人的耳目。三国时，刘备因镇压黄巾起义有功，被授予安喜尉。不久投靠了公孙瓒，代领豫、徐两州牧。用兵失败后，他投奔于曹操，想借曹操的势力来保存自己，以图自己的宏志。他虽归附曹操，但心思却是另外一番，他并不是真心实

意归附曹操的，而是不得已的一种策略。但他又怕曹操识破自己的心思，便采取了示弱法，终日种菜，忙于田圃之间。不问国家大事，以此向曹操表示自己胸无大志，只是平庸之辈，从而想避开曹操的注意力，让自己能更好地存在与发展。

刘备虽然不止一次寄人篱下，但他绝不是等闲之辈，而是胸怀大志之人。也正是从这点出发，曹操才收留了刘备。即使刘备整日种菜，装着不闻不问政治与军事，曹操也没看轻他。请他一起进餐共饮，正是这种看法的表现。应该说，曹操的看法是对的。但刘备却在思考问题的另一面：他胸有大志，但是实现自己远大抱负的时机还不成熟，如果过早地暴露或是被人察觉，政治抱负很可能就会化为泡影。因此，隐藏自己，不暴露自己的志向，是刘备的主要计策，他归附曹操，只是为了寻找一个暂时的立脚点，曹操请他一起进餐同饮，他便自然地想到怎样更好地保护自己，以求更好地立足和发展。

一天，曹操请刘备喝酒，曹操酒兴正浓，举杯痛饮，同刘备纵谈天下哪些人是英雄，刘备故意列举了一些平庸之辈，以掩饰自己，曹操指着刘备说："天下英雄惟使君与操耳。"刘备一听说他是英雄，惊恐万分，连吃饭的筷子都掉到了地上。此时恰好雷声大作，众人都抬头看天。曹操见刘备的脸上变色，筷子落地，忙问何故。刘备灵机一动，说自己胆小。"闻雷迅速应变"，巧妙地掩饰自己，瞒过曹操。《三国演义》中有诗以赞刘备："勉从虎穴暂栖身，说破英雄惊煞人。巧借闻雷来掩饰，随机应变信如神。"

（2）该忍耐的要暂时忍耐

历史上不少人物在其斗争失利时，为了保全自己，总是装死躺下，忍痛牺牲，克制自己，不露声色，以此麻痹敌人，乘机溜走，如刘秀对刘玄即是此种屈伸之典型。新莽末年，爆发了大规模的农民起义，南阳蔡阳（今湖北省枣阳西南）人刘縯、刘秀兄弟乘机起兵，以重建汉朝为口号，招兵买马。后来加入了绿林军。其同族人刘玄，初入平林兵，被推为更始将军，后来也与绿林军合并。公元 23 年刘玄称帝，年号更始。新莽王朝灭亡后，他迁都长安，很快便背叛起义。调转矛头杀戮农民军将领。刘秀之兄长刘縯，便被刘玄所杀。

按常理，刘秀肯定不会饶过刘玄，一定要找他算账，以报杀兄之仇。但是，刘秀有自己的考虑。他非但没有找刘玄算账，反而在表面上不动声色，若无其事。朝见刘玄，仍然是和颜悦色，低声相应，根本就不主动提兄长被杀一事。他孝服不穿，丧事不举，言谈饮食犹如平时。难道他对刘玄加害其兄真的无动于衷吗？其实不是那么一回事。兄长本是有功之臣，因争权被杀，他的内心当然是愤愤不平，他为兄长难过，虽然在白天表面上淡如平常，但夜晚枕席之上却常流着眼泪，他下决心一定要完成兄长未完成的事业。可是，眼下他毕竟是刘玄的下属。如果他不能克制，质问刘玄，很可能也被杀害，与其兄一样下场。那还有什么宏图大志可言呢？为兄报仇的目的又怎能实现呢？况且自己也是有功之臣，在昆阳大战中，他率 13 骑突围求援，建立奇功，刘玄很清楚这一点。此时如果述说一下光荣历史，或许会讨好刘玄，增强他对自己的相信度。但刘秀却只字不提，自有他的高招。

刘玄见刘秀如此宽宏大量，良知发现，深感惭愧，便命刘秀为破虏大将军，封武信侯。公元 23 年，刘秀到河北一带活动，废除王莽苛政，释放囚徒，赢得民心。他以恢复汉家制度为号召，取得当地官僚、地主

的支持，势力越来越壮大。刘秀觉得实现自己宏图大志的时机已到，便与刘玄决裂。镇压并收编铜马等农民起义军，力量不断壮大，经过长期斗争，终于打败刘玄，取得天下。公元 25 年称帝，定都洛阳，建立起东汉政权。至公元 37 年，统一全国。在位 32 年间，他先后 9 次发布释放奴婢和禁止残害奴婢的命令。并多次下诏书，免罪徒为庶民，减轻租税徭役，发放赈济，兴修水利。并减四百余县，精简官吏，节省开支，抑制豪强，巩固中央集权，对稳定和繁荣社会经济，起到了积极作用。

（3）利用别人的怜心

所谓取怜，即取得敌人可怜之心，使其不加害于己。这当然是一种假投降的政策。其目的在于，抓住敌人"仁慈"之心。故意装出一副可怜的模样，低声下气奴隶相十足。委曲求全，以此来骗取敌人的信任，保全自己，以图大业。

春秋时，越王勾践（前 496—前 465 年在位）即位后不久，在夫椒（今江苏西南）一役中遭吴反击，兵锋大挫，退保会稽山（今浙江绍兴）终究被打败。从此，越国成了吴国的属国。越王勾践兵败被俘，在吴国当了人质。人在吴国，深入危地，当然是凶多吉少，弄不好就有杀身之祸。但考虑到整个越国的利益，为了报仇雪耻，他甘心在吴国做奴隶，忍辱求生，以期早日回归越国，重振民心，强国富民，消灭吴国。在吴国，他再也没有一点国王的威风，而是"身执干戈为吴王洗马"。他没有怨言，而是尽量将马洗干净，以讨好吴王夫差。他本是一国之君，为他人洗马，何尝愿意？但一想到国耻，人格的尊严就不考虑了。吴王重病时，他服侍汤药，并亲口尝粪。史称他"曲意以欢其心，尝粪以取其怜"。勾践之所以要这样做，无非是要利用吴王夫差的伪善，取得其同

情。勾践这一招很有效。时间一长，吴王夫差还真的同情了勾践，不再让他在吴国当人质，而是决定释放勾践回国。为了进一步欺骗吴王夫差，他在临别之际，表示对吴王夫差依依不舍，满面流泪，感谢吴王的仁慈。可是，他一踏上国土，便恢复了原来的面目，如虎归山，他发誓要报仇雪耻，恢复越国的独立地位。于是，他卧薪尝胆，磨炼自己的意志；十年生聚，强国富民；练兵演习，加强国防。后来，吴王发兵北上，在黄池（今河南封丘西南）大会诸侯，与晋争盟时，越王勾践认为时机已到，便乘虚袭吴，吴王夫差被迫回师，向越请和。但越王勾践志在灭吴，拒绝谈和。公元前473年，越军围攻姑苏（今江苏苏州），吴王夫差自刎而亡，强大一时的吴国灭亡了，越王勾践实现了为国报仇雪耻的愿望。越王屈伸之术，深得韩非好评，韩非说："勾践入宦于吴，身执干戈为吴王洗马，故能杀夫差于姑苏。"

（4）以屈求伸

屈伸之术并不是宏图大志者的"专利"，在历史上，每当革命盛势，反动没落阶级的代表人物，也总是乞灵于伪装，以屈求伸，进行垂死挣扎。清代袁世凯即为其人。

1901年，洋务派首领李鸿章病危，临终时，他推荐袁世凯继位自己的直隶总督兼北洋大臣。1903年，清政府成立练兵处，任命袁世凯为会办大臣，主持训练新军，将"北洋常备军"扩编为六镇，他便成了北洋军阀的最高首领。1907年，他又调任为军机大臣、外务部尚书。这一切，引起清廷内部一些人的忌妒。1908年，摄政王载沣罢了袁世凯的职，叫他回家养病，并派了武弁"随身保护"。袁世凯在政治上处于劣势，但他没有气馁，没有自暴自弃，而是乘机养精蓄锐，以图东山

再起。

袁世凯很清楚，随身而来的武弁实际上是朝廷派来监视他的，绝不是什么"随身保护"。因此，他便特别款待武弁，平日里是大鱼大肉，遇有过年过节则另外多加赏赐，给了武弁不少好处。俗话说："吃了人家的东西嘴软，拿了人家的东西手短。"武弁向上报告袁世凯的行踪表现时，便少不了几句美言，说他是如何安于隐居生活，如何感激朝廷的大恩大德，以使朝廷放松警惕。但袁世凯觉得这样还不够，为了进一步掩饰自己，他还饮酒作诗，持杆钓鱼，闲云野鹤，以示韬晦。并刻有《圭塘唱和集》，分赠给北京的亲友，在更大的范围内故意隐蔽自己，转移朝廷视线。但实际上他却一刻也没离开政治。他和庆亲王奕劻、北洋军的各级将领以及英国公使朱尔典等人，始终保持着联系。徐世昌、杨度等人，则经常给他通报消息。他的大儿子袁克定是农工商部的参议员，及时了解北京情况并禀告其父。他家有电报房，他利用电报房跟各省的督抚通电往来。他的身边还有一批幕僚清客。当时，朝廷政局不稳，天下也不太平，这为袁世凯再度出山提供了极好的时机。所以，袁世凯饮酒作诗，泛舟钓鱼，只是为了欺骗政敌，其政治用心则是以屈求伸。

1911年，孙中山领导的辛亥革命在武昌爆发，袁世凯再也沉不住气了。在英美公使的压力下，清政府又重新任命袁世凯为内阁总理大臣，兼湖广总督。从此，他施展反革命两面手法，既诱使革命派妥协议和，又挟制清帝退位，遂窃取"中华民国大总统"职位，在北京建立代表大地主、大买办阶级利益的北洋军阀政府。1915年12月，袁世凯正式宣布恢复帝制，改年号为洪宪元年，但因各省因此宣布独立，不得不于1916年3月22日宣布取消帝制。同年6月6日，袁世凯在全国人民

的一片讨伐声中忧惧而死，他虽然以屈求伸，争得了政治地位，但因他站在反历史、反人民的立场上，终被历史所淘汰，被人民所唾弃。

用人先看其长，后看其短

原典

皆根其情，不由矫枉。弱而不媚，狂而不哗，疏懒而真诚，周旋而健举，皆能成器；反之，败类也。大概亦得二三矣。

译文

这些情态，都是人的内心本色的外在表现，不由人任意虚饰造作。弱态之人若不曲意谄媚，狂态之人若能不哗众取宠，疏懒态之人若能坦诚纯真，周旋态之人若能强干豪雄，日后都能成为有用之才；反之，则是败类俗流。只要分辨出情态的大概状态，就能有二三成的把握看清一个人的将来。

以上四种情态都是人之根性，但并不是全部，只要有其他优点得以补偿，照样可以成大器。

清代思想家魏源指出："不知人之短，不知人之长，不知人长中之短，不知人短中之长，则不可以用人，不可以教人。"

事实上，人各有所长，亦各有所短，只要能扬长避短，天下便无不可用之人。从这个意义上讲，领导者的识人、用人之道，关键在于先看其长，后看其短。

唐代柳宗元曾讲过这样一件事：一个木匠出身的人，连自身的床坏了都不能修，足见他锛凿锯刨的技能是很差的。可他却自称能造房，柳宗元对此将信将疑。后来，柳宗元在一个大的造屋工地上看到了这位木匠。只见他发号施令，操持若定；众多工匠在他的指挥下各自奋力做事，有条不紊，秩序井然。柳宗元大为惊叹。对这人应当怎么看？如果先看他不是一位好的工匠就弃之不用，那无疑是埋没了一位出色的工程组织者。这一先一后，看似无所谓，其实十分重要。从这个故事中是否可以悟出一个道理：若先看一个人的长处，就能使其充分施展才能，实现他的价值；若先看一个人的短处，长处和优势就容易被掩盖和忽视。因此，看人应首先看他能胜任什么工作，而不应千方百计挑其毛病。

《水浒》中的时迁，其短处非常突出——偷鸡摸狗成习。然而，他也有非常突出的长处——飞檐走壁的功夫。当他上了梁山，被梁山的环境所感化、改造，他的长处就被派上了用场。在一系列重大的军事行动上，军师吴用都对他委以重任，时迁成了有用的人。看人首先要看到他的长处，才能把他的才干充分利用起来。

善于从短处看长处，又是识人的一个诀窍。唐朝大臣韩混一日接待了一位经别人举荐来求官的年轻人。韩混置酒设宴招待他，席间，此人表现出脾气有些古怪，不善言辞，不谙世故。通常，这种人多不受喜欢，难被启用。然而，韩混却从他不通人情世故之短，看到他有铁面无私、刚正不阿之长，于是，便命他为"监库门"，即现在的仓库管理员。果然，自他上任之后，从无仓库亏损之事发生。

在用人所长的同时，要能容其所短。短处包括两个方面：一是人本身素质中的不擅长之处；二是人所犯的某些过失。一方面，越有才能的人，其缺陷也往往暴露得越明显。例如，有才干的人往往恃才自傲；有魄力的人容易不拘常规；谦和的人多有胆小怕事，等等。另一方面，错误和过失是人所难免的，因此，如果对贤才所犯的小错也不能宽恕，就会埋没贤才，世间就几乎没有贤才可用了。西汉文学家东方朔在向汉武帝的奏疏中说："水至清则无鱼，人至察则无徒。"水太清，鱼就养不活；对人过于苛求，则不可能用人。

但现实生活中，仍有些管理者在试图寻找完美无缺的员工，他们眼中完美员工的形象总是品质、学识、能力、身体、团队适应能力都是完美和一流的。他们求全责备，很难有人合乎他们的要求。他们招聘来的人，往往是"全能型"的，没有明显的弱点，但却不是专业型的。这些人在完成具体的工作时，不如那些虽有缺点，但在某个方面有优势的人发挥得更好。

而优秀的管理者，在选用人才时，总是优先考虑这个人能做什么、做得多好为标准。

优秀的管理者知道，完人的标准也是在变化的，工业时代标准的完人，可能成为信息时代标准的废人；对工业时代来说是"无用"的，对信息时代来说可能是"优异"的。

所以在用人时，不能总是盯住员工的缺点，想着要去"消除"它；要能够对无关紧要的缺点视而不见，专注于员工的特长，并且最大限度地发挥它。

世上没有完美的人。如果管理者只盯着下属的缺点，不能容忍有缺点的人，那么就只好无人可用了。缺点和长处往往是共生的，在此方面有优点，在别的方面就可能成为缺点。过分果断就可能是刚愎自用，过分谨慎而行可能就是优柔寡断。

知人善任作为一种领导艺术，就要本着"金无足赤，人无完人"的原则，不因为一个人有缺点和过失而使人才与自己失之交臂，不要让人觉得怀才不遇。古人都知道用人不求其备，论大功不录小过的道理。刘邦本人是个无赖，他所用的人大都是负有恶名，但都有一技之长，合起来就是一个整体，无往而不胜。刘邦用人只求独当一面而不要求文武齐备，这大概就是刘邦能得天下的原因吧。

一个管理者如果想让所使用的部下都是没有弱点的人，那么他所领导的组织，充其量也只是一个平凡的机构。所谓完美无缺的人，因为由于追求全面和均衡，他们往往在某个方面钻研不深而成为实际上的价值不大的人员。特别是在现代社会学科知识门类众多，知识飞速更新的年代，传统意义的"全才"已经不可能存在。"成功者都是'偏执狂'"，追求完美有时就意味着平庸，往往是某方面有缺陷的人才最后成了成功的人。

所以，管理者在使用人才时，要能容人之短，对于那些有缺点或有争议的人才也要大胆使用，使他们能充分发挥其才干，从而帮助自己取得事业的成功。

察人要恒态、时态相结合

原典

前者恒态，又有时态。

译文

前面说的几种情态是恒态，但这还不足以全面地观察一个人，还要结合时态，这也是情态的一种。

恒态，直解为恒定时的形态，具体地说，就是人的形体相貌、精神气质、言谈举止等各种形貌在恒定状态时的表现，在这儿主要是指言谈举止的表现形态。

观察一个人的恒态，对帮助评判他的心性品质有重要作用。

时态，与恒态相对，直解为运动时的形态，时态与人的社会属性、社会环境密切相关。人的活动，无不打上环境和时代的烙印。脱离时代与环境而独立生活的人是不存在的。连烽火岛上的鲁滨孙也用着其他人造的枪和火药。通过时态，能充分体察出人的内心活动。

古人由于各种局限，未能明确地提出"恒态"与"时态"相结合的方法，较多地注意了"恒态"而忽略了"时态"，因而缺陷不小。曾国藩在这方面则脱出了前人的框子而有所创建，明确提出"恒态"、"时态"概念，由自发上升到自觉高度，在这方面比其他人大进了一步。这也是

曾国藩作为晚清重臣的过人之处。

古人并没能提出"恒态"、"时态"的动静结合方法，而《冰鉴》却弥补了其中的不足。实际上，恒态与时态相结合的方法，有辩证法的成分，能有效地避免机械主义的错误。

恒态注重于眼观，时态注重的是实践。识人的经验告诉人们：眼观不能完全代替实践，这是千真万确的。因为人的眼睛识人，因种种原因可能会产生某些错觉。所以，要从根本上知人，只能通过实践，实践出真知。即要知人，要重在其实践，通过实践看其表现如何。日常生活中，一些人可以用花言巧语去骗人，但要用其实践去掩盖自己的虚诈面目是很难的，假动作也许可以骗人于一时，但不可能骗人一世。

识人，要听其言，观其行。就是强调识人不仅要听其所说得如何，更重要的是要看其做得如何，这就是我们所讲的实践。

听舆论对人的评价，对辨别贤佞虽有参考的作用，但难以确定，因为舆论如出于别有用心而颠倒是非的人之口，好人可以说成坏人，坏人也可以说成好人。所以知人要务实，即要实事求是地弄清其人的行为，在事实面前，贤佞自可辨明。因此，看人要看其实践，从其人实践中就可知其人如何，实践是知人的标准。

《三国志·蜀书·魏延传》记载：魏延，字文长，义阳（今河南桐柏东）人。以部曲随刘备入界，屡有战功，升牙门将军。刘备任汉中王，迁都成都，物色重将镇守汉中，众论以为必是张飞，飞亦认为非己莫属，因刘备最信任的是关羽、张飞，而这时关羽在镇守荆州。可是，刘备却破格提拔魏延为督汉中镇远将军，领汉中太守。汉中位处前线，是蜀重镇，镇守汉中是独当一面，不用为众所称的虎将张飞，而被破格提拔一牙门将军负此重任，这大出人们意料之外，因而引起全军大惊。刘备大会群臣，问延："今委卿以重任，卿居之欲云何？"延答道："若曹操举天下而来，请为大王拒之；偏将十万之众至，请为大王吞之。"刘备赞许，众壮其言。

刘备以知人见称。刘备之所以知人，主要看其人在实践中如何。他选将用人也据此而定。刘备破格提拔魏延镇守汉中，是根据魏延在战争实践中的表现决定的。魏延出身行伍，他是从实战中打出来的，他学到打仗的本领是来自实战，他是以其卓越的战功获刘备赏识的。

在实践中识人，从根本上说，就是行为观察：听其言，观其行，这是古今中外识人的方法之精华所在。

古人说，善观人者索其终，善修己者履其始。就是说，善于观察识别人的人必须考察其所观察对象行动的最后情况，善于自我修缮的人必然始终如一。

总之，听言不如观事，观事不如观行。即听其说话不如看他做事，看他做事不如观察其德行。

莫与卑庸可耻之辈论事

 原典

言不必当，极口称是；未交此人，故意底毁，卑庸可耻，不足与论事。

译文

无论别人说什么都极口称是；对于还未交往的人就刻意诋毁，这两种人属于卑鄙庸俗可耻之辈，不能与之合作共事。

"言不必当，极口称是"，别人发表的观点和见解未必完全正确，未必十分精当，他却在一旁连连附和，高声称唱，一味地点头"是，是，是"。这种人如不是故意的，定是一个小人，胸无定见，意志软弱，只知道巴结逢迎，投机取巧讨好别人。这类人自然当不得重任。

"未交此人，故意诋毁"，不曾与人交往，对人家全然不了解，全是道听途说，加上自己的主观想象，就在人背后飞短流长，说人坏话，故意恶意诽谤他人，诬人清白。这种人多半是无德行的小人，无学无识，又缺乏修养，既俗不可耐，又不能自知。

曾国藩所言"卑庸可耻"之辈典型的特征就是口蜜腹剑，当面一套背后一套。口蜜腹剑是个典故，其始作俑者是唐朝的李林甫——典型的卑庸可耻之辈。

自唐玄宗登基以来，天下承平日久，玄宗逐渐不理政事。李林甫任宰相以后，将朝中贤能者一一挤出朝廷，天下人多有议论，唐玄宗却对李林甫一直极为信任。

天宝六年（公元747年），唐玄宗下诏："天下之士，凡有一技之长者，可以参加廷事，合格者任以官职。"

李林甫闻诏，内心十分恐慌。自己的所作所为，天下人共知，唯独深居宫中的唐玄宗未有所闻。如果让天下之士面见皇帝，必然会暴露无

遗，为防止万一，李林甫只得硬着头皮向玄宗进言：

"陛下乃万乘之驱，选贤举能是臣子的事，何劳陛下亲自过问呢？何况，天下士人犹如茅草，不识礼度，只会狂言乱语，此等事情委托给尚书省长官就行了。"

唐玄宗李隆基一时没弄清李林甫的本意，还以为李林甫在为自己分担国事，心内大喜，便答应道："选贤之事由你去办，朕也就放心了。"

李林甫一听玄宗允诺，长长地舒了口气。退朝之后，李林甫召集自己的亲信，进行嘱咐："此次选贤之事，诸位尽力去办，但不可录用一人！"

这次考试，大诗人杜甫也满怀希望地参加了，但结果，杜甫和所有的应试者竟无一人考中，充满希望的杜甫彻底绝望了，气愤之余，将痛恨见之于笔端，写下了"纨绔不饿死，儒冠多误峰"的诗句。

李林甫却厚颜无耻地将此恶作剧作为捞取恩宠的资本，急不可待地上奏："启奏陛下，天下之士无一合格者，都是些卑贱昏庸之人。自陛下登基以来用人有方，使得野无遗贤，实在是可喜可贺之事。"

唐玄宗听罢哈哈大笑，对李林甫的奉承媚谀之词感到极为顺耳。

为了进一步巩固自己的权势，李林甫大耍各种手段。有敢于在朝廷言政事者，一律贬斥，有的甚至遭杀身之祸。这样一来，天子耳目不灵，对朝廷以外之事根本不晓。其他官员也成了持禄养闲之人，看李林甫的眼色行事。

一次，一个官员不畏李林甫的权势，上书评议朝中大事，结果被李林甫贬职。李林甫为了防止再出现此类事情，便威胁其他大臣："今明主在上，你们听命于上就可以了，还有什么可议论的呢？君等难道不见

厩中之马乎，终日无声，则有丰美的食物；一鸣，则黜之矣。"自此以后，朝中大臣不敢再有谏之者。

压制朝中大臣的同时，李林甫还施计堵塞外放官员的升迁之路。开元时期，像薛讷、郭元振、张嘉贞、张说、萧嵩、杜暹、李适之等人，都因为在边地立下功劳，而后入宫相天子，均为难得的人才，这也是唐朝选相的一条重要原则。李林甫对于守边的儒臣，特别是其中功劳卓著者，极为嫉恨，唯恐他们出将入相，对自己构成威胁，便向玄宗上奏："以陛下之雄才大略，治国有方，国富民强。然夷狄未灭，一直是朝廷大患，而今守边之将皆文臣，这些人贪生怕死，不懂战事，遇敌不能身先士卒，于守边无益，不如用蕃将。蕃将生而勇武有力，自小养于马上，长于战事，这是他们的天性。陛下若欲灭夷狄，威加四海，委藩将以重任，他们必然感恩戴德，为陛下卖命，夷狄则不足虑也。"

唐玄宗听了李林甫的上奏，感到很对，就高兴地答应了。实际上，这是李林甫专权用事的又一个奸计。在唐代，蕃将是没有资格任宰相的，这样，李林甫便能安安稳稳地当他的宰相，再也不用害怕文臣立功于边陲了。

细心洞察最接近你的人，你会成功地避免许多你意想不到的损失。而错误地识人最终会带来不良的恶果。

我国古代的两大名相管仲和王安石就曾为我们作出过表率。管仲辅佐齐桓公时，齐桓公曾向他介绍身边最为忠诚的三个臣子：一个为了侍候帝王自阉为太监；一个尾随君主十五年不曾回家探亲；而第三个更为厉害，为了给皇上滋补身体竟把自己的儿子杀了做羹。管仲听说，就劝齐桓公把这三个小人赶出朝廷，理由是他们虽貌似忠诚，却违背了正常人的感情，可见居心不良。另一位名相王安石在变法期间屡受非议，有一个叫李师中的小人乘机写了篇长长的《巷议》，说街头巷尾都在说新法好，宰相好，为王安石变法提供雪中送炭般的舆论支持。但王安石一眼就看出了《巷议》中的伪诈成分，于是开始提防这个姓李的小人。

生活中往往有两面三刀者，就是采取各种欺骗方法，迷惑对方，使其落入陷阱，达到自己的企图。

在当代，也不乏当面一套背后一套的口蜜腹剑的阴谋家。有的就在我们的周围，有时，他们看到你直上青云，就会逢迎拍马专捡好听的话讲；有时，他们看到你事事顺心、进展神速而在背后造谣生事向上层人物进谗言，陷你于不利；有时欺骗、谎言、圈套从他们头脑中酝酿成"捆仙绳"套在你身上，使你翻身落马；有时，他们看到你堕入困境则幸灾乐祸，趁火打劫。所有的这一切，我们岂能不防呢？

人们之所以受到接近自己的人的伤害，重要一点就是不善于识人，错把小人当君子，误把骗子当朋友。在现实生活中，尽管那些居心叵测的人善于伪装自己，但由于其本身之意在于存心害人，所以不论他伪装得多么巧妙，总会露出马脚。可以通过他的言谈举止及处理问题的具体方式诸方面来观察他的人品。当发现你身边的人十分虚伪、奸诈时，那么你必须采取适当的防范措施。在一般情况下，只要你经常注意通过多方面洞察与你接近的人，就会发现许多你在平时所不易觉察到的东西，也会很清楚地了解到你身边的人对你的真实态度，而不至于在危险来临时全然不知，甚至还把加害你的人作为亲密的朋友对待。

须眉第五

人们常说"须眉男子"，这就是将须眉作为男子的代名词。须眉识人是容貌识人的衍生。《冰鉴》认为，察看人之须眉，可以知道对方的健康、气质、品性等很多信息，从而辨别他是不是可用的人才。

透过须眉看男人

原典

"须眉男子"。未有须眉不具可称男子者。"少年两道眉，临老一付须。"此言眉主早成，须主晚运也。然而紫面无须自贵，暴腮缺须亦荣；郭令公半部不全，霍膘骁一副寡脸。此等间逢，毕竟有须眉者，十之九也。

译文

人们常说"须眉男子"，就是将须眉作为男子的代名词。古人说："少年两道眉，临老一付须。"这句话是说，一个人少年时的命运如何，是要看眉毛的相，而晚年境遇怎么样，则以看胡须为主。但是也有例外，脸面呈紫气，即使没有胡须，地位也会高贵；两腮突露者，就算胡须稀少，也能够声名显达；郭子仪虽然胡须稀疏，却位极人臣，富甲天下；霍去病虽然没有胡须，只是一副寡脸相，却功高盖世。但这种情况，不过只是偶然碰到，毕竟有胡须有眉毛的人，占男人中的绝大多数。

"眉"如同日月之华彩，山峦之花木一样，是一个人的健康状况、

126

性格气质、贵贱聪愚的表面特征。古人认为：眉以疏朗、细平、秀美、修长为佳。形状就像悬挂的犀牛角和一轮新月。眉毛细软、平直、宽长者是聪明、长寿、尊贵的象征。而眉毛粗硬、浓密、逆生、散乱、短促、攒缩者，是愚蠢、凶顽、横死之相，从美学的角度看，也是前者是美的，后者是丑的。

眉在审美中的意义很重要，更被古人作为人生命运的一个重要参照系，归纳为以下几点：主兄弟姐妹的多少、命运以及兄弟姊妹之间关系的好坏；主父母的关系和命运；表现一个人的天资、禀赋及性格特征等与生俱来的东西；主寿命的长短；主官禄的有无和贫富状况，总而言之，"眉"对于人的命相十分重要。一个人的健康、个性、秀美、威严都通过眉毛显示出来。"少年两道眉"就是说看一个人有没有成就，是愚昧还是聪明，进而判断他事业的成败，命运的好坏。凡是眉相好，使人显得英俊秀挺，聪明伶俐，最容易给人留下美好而又深刻的印象。从而增加施展抱负和实现自我的机会，使其可能少年得志，所以，曾国藩认为"眉主早成"。

中国医学认为："须"属肾。性阴柔而近水，故下长而宜垂。为什么一个人晚运和胡须有关系呢？其原因大概是这样的：大凡胡须丰满美丽者，是因为肾水旺、肾功能强。而肾旺是一个人身体健康和精力旺盛的重要原因和必不可少的条件。身体健康，精力旺盛，意志力常常也很坚定，工作起来很得心应手。经过日积月累，到了中晚年，事业就有所成。再者，在传统社会中，以多子多孙为贵。肾是生殖系统的根本，肾水旺，肾功能强，自然容易多子，多子就容易多孙，而多子多孙意味着多福，至少当时的人这么认为。所以，曾国藩认为"须主晚运"。

　　人的眉毛、胡须都只是人体毛发这个整体中的一个部分。既然是整体中的各个部分，那就应该相顾相称，均衡和谐。古人认为眉虽"主早成"，仍要须"苗大丰美"，否则难以为继。不能善始善终，即便有所成，也怕是维持不了多久。再说，眉强须弱，毕竟有失均称，面相便不和谐。"其貌不扬"就这样形成了。胡须虽主一个人的老来运气，但还是需要得到眉毛的照应。不然，就如同久旱的秧苗，迟迟才有雨露浇灌滋润，其果实也不会圆满。总之，阴阳须和谐，须眉要相称，古人相诀中所谓"五三、六三、七三，水星罗计要相参"，就是这个意思。

　　"紫面无须自贵，暴腮缺须亦荣"。古人认为，"紫面"之人是属于金形人带火相，因金的颜色是白的，火的颜色是红的，紫色则是火炼之金，这是宝色。因此，曾国藩才认为"紫面无须自贵"。再从现实生活以及生理学的角度来看，"紫面"者一般气血充沛，性情刚烈，从事某项事业往往有成，并因此而"贵"。腮为口的外辅，口为水星，腮自然也属水，暴腮之人，水必有余。从前面的论述可以知道：水多者，"贵"。所以，暴腮之人即使胡须稀少不全，也当富贵。

眉毛中的秘密

 原典

　　眉尚彩，彩者，秒处反光也。贵人有三层彩，有一二层者。所谓"文

明气象"，宜疏爽不宜凝滞。一望有乘风翔舞之势，上也；如泼墨者，最下。倒竖者，上也；下垂者，最下。长有起伏，短有神气；浓忌浮光，淡忌枯索。如剑者掌兵权，如帚者赴法场。个中亦有征范，不可不辨。但如压眼不利，散乱多忧，细而带媚，粗而无文，是最下乘。

译文

　　眉崇尚光彩，而所谓的光彩，就是眉毛梢部所显露现出的亮光。富贵的人，他眉毛的根处、中处、梢处共有三层光彩，当然有的只有两层，有的只有一层。通常所说的"文明气象"指的就是眉毛要疏密有致、清秀润朗，不要厚重呆板，又浓又密。远远望去，像两只凤在乘风翱翔，如一对龙在乘风飞舞，这就是上佳的眉相；如果像一团泼散的墨汁，则是最下等的眉相。双眉倒竖，呈倒八字形，是好的眉相；双眉下垂，呈八字形，是下等的相。眉毛如果比较长，就得要有起伏，如果比较短，就应该昂然有神；眉毛如果浓，不应该有虚浮的光，眉毛如果淡，切忌形状像一条干枯的绳索。双眉如果像两把锋利的宝剑，必将成为统领三军的将帅，而双眉如果像两把破旧的扫帚，则会有杀身之祸。另外，这里面，还有各种其他的迹象和征兆，不可不认真地加以辨识。但是，如果眉毛过长并压迫着双眼，使目光显得迟滞不利；眉毛散乱无序，使目光显得忧劳无神；眉形过于纤细带有媚态；眉形过于粗阔没有文秀之势，这些都是属于最下等的眉相。

　　眉毛位于两只眼睛之上，就像一对亲兄弟，因此，眉毛长得是否对

称，容易让人联想到兄弟是否和睦，与人的关系是否融洽。一个人眉毛长得是否对称，与他性格和能力有一定的关系。古人经常根据眉毛的长短来判断人的寿命的长短，这是很难加以论证的，虽然我们不可拘泥于此，但这也从另一个侧面反映了通过观察眉毛，我们能得到一个人的更多的信息。

古人认为，看眉识人，一看浓淡，二看清杂，三看眉形。一般来说，眉毛清秀疏淡，是福禄尊贵；眉毛浓厚粗杂，是低贱贫苦。

古人认为，下列眉形为好：眉毛长垂，高寿；眉长过目，忠直福禄；眉如弯弓，性善富足；眉清高长，身名远扬；眉秀神和，得享清福；眉如新月，善和贞洁；眉角入鬓，才高聪俊。

概括地说，古人认为眉毛宜长、宜秀、宜清、形宜等。长则寿高，秀则福禄，清则聪颖，弯则善洁。识眉识人认为下列眉形为坏：眉短于目，性情孤僻；眉骨棱高，多有磨难；眉散浓低，一生孤贫；眉毛中断，兄弟离散；眉毛逆生，兄弟不和；眉不盖眼，孤单财败；眉交不分，年岁难久；短促不足，漂流孤独。

概括地说，古人认为眉忌短、忌散、忌杂。短则贫寒，散则孤苦，杂则粗俗。

所谓粗眉毛就是人们常说的浓眉毛。包括浓眉毛在内的各种各样的人，从性格上可以分成"积极型"和"消极型"两大类。浓眉毛的人属于"积极型"，给人留下的印象的常常是"个性很强"。与此相对，淡眉毛的人给人留下的印象往往相反。

眉毛有光亮，显示这个人的生命力比较旺盛。通常的情况是这样：年轻人的眉毛都比较光润明亮，而老年人的眉毛往往比较干枯而缺乏光

彩。这就是因为年轻人生命力旺盛，而老年人生命力开始衰退。

眉毛的光亮可以分为三层：眉头是第一层，眉中是第二层，眉尾是第三层。层数越多，等级越高，给人的印象越好，因此，古人认为眉毛有光亮的人运气特别好。

眉毛有气象、有起伏，给人一种文明高雅的感觉。眉毛短促而有神气，也给人一种气势。如果眉毛太长而缺乏起伏，就像一把直挺挺的剑，就会让人觉得过于直白。古人认为这种人的脾气比较火暴，喜欢争强好胜，一辈子都是自己把自己搅得不得安宁。如果眉毛太短，甚至露出了眉骨，又缺乏应有的生气，就会给人一种单薄的印象。

眉毛长而有势的人会成功，正如古人所说的"一望有乘风翔翔之势"。可以这样说，这种眉毛具备了光亮、疏朗、气势和昂扬的优点，给人留下一种很好的印象。古人认为，这种人把"立德、立功、立言"全占了。一个人即使只有其中一项，也会叫人刮目相看。在观察一个人的时候，观察他的眉毛是非常必要的，尤其是在眉毛运动的时候，下面让我们具体分析一下，这对把握一个人的心理是有帮助的。

皱眉所代表的心情可能有好多种，例如：惊奇、错愕、诧异、快乐、怀疑、否定、无知、傲慢、希望、疑惑、不了解、愤怒和恐惧。

一个深皱眉头忧虑的人，基本上是想逃离他目前的处境，却因某些原因不能如此做。一个大笑而皱眉的人，其实心中也有轻微的惊讶成分。

两条眉毛一条降低、一条上扬。它所传达的信息介于低眉和扬眉之间，半边脸显得激越、半边脸显得恐惧。眉毛斜挑的人，心情一般处于怀疑状态，扬起的那条眉毛就像是提出一个问号。

眉毛打结，指眉毛同时上扬及相互趋近，和眉毛斜挑一样。这种表情通常表示严重的烦恼和忧郁，有些慢性疼痛的患者也会如此。急性的剧痛产生的是低眉而面孔扭曲的反应，较和缓的慢性疼痛才产生眉毛打结的现象。

从某些情况而言，眉毛的内侧端会拉得比外侧端要高，而成吊梢眉似的夸张表情，一般人假如心中并不那么悲痛的话，是很难勉强做到的。眉毛先上扬，然后在几分之一秒的瞬间内再下降，这种上上闪动的短捷动作，是看到其他人出现时的友善表示。它通常会伴着仰头和微笑，但也可能自行发生。尾毛闪动也常常见于一般的对话中，作为加强语气之用。每当说话时要强调某一个字的时候，眉毛就会扬起并瞬即落下，好像不断在强调："我说的这些事都是很惊人的！"

声音第六

　　人的声音各有不同，有的洪亮，有的沙哑，有的尖细，有的粗重，有的薄如金属之音，有的厚重如皮鼓之声，有的清脆如玉珠落盘，字正腔圆。有的人身材矮小，声音却非常洪亮，即日常所说的"声若洪钟"；有的人生得高大魁梧，说起话来却细声细气，有气无力。《冰鉴》认为人之声音由心而起，是人内心活动的晴雨表。闻声识人，便由此而来。

声音辨人术

原典

人之声音，犹天地之气，轻清上浮，重浊下坠。始于丹田，发于喉，转于舌，辨于齿，出于唇，实与五音相配。取其自成一家，不必一一合调，闻声相思，其人斯在，宁必一见决英雄哉！

译文

人们说话的声音，犹如天地之间的阴阳五行之气，有着清浊之分，清亮的声音轻缓而上扬，而浑浊的声音则是沉重而下坠。声音是从丹田处开始启动的，在喉头声带处发出声响，随着舌头的不同转动，在牙齿处转化成清浊不同的声音，最后从嘴唇发出来，这恰好与宫、商、角、徵、羽五音相对应。每一个人说话的声音都各具特色，要能辨别出这一个体特征，而不必强求一定要完全与五音相符合。只要听到声音就会想到这个人，这样就会闻其声而知其人。听到一个人的声音就如见到此人一样，而不一定非得见到这个人，才能看出他究竟是个雄才大略的人还是个平庸无为的人。

人生于天地之间，其声音各有不同，有的洪亮，有的沙哑，有的尖细，有的粗重，有的薄如金属之音，有的厚重如皮鼓之声，有的清脆如玉珠落盘字正腔圆，有的人身材矮小，声音却非常洪亮，即日常所说的"声如洪钟"，有人生得高大魁梧，说起话来却细声细气，有气无力。古人对这些情况加以总结归纳，得出了一些规律。

实际上，现代生理学和物理学已经证明，声音的生理基础由肺、气管，喉头、声带，口腔、鼻腔三大部分构成，声音发生的动力是肺，肺决定气流量的大小，音量的大小主要由喉头和声带构成的颤动体系决定，音色主要取决于由口腔和鼻腔构成的共鸣器系统。声音是物体震动空气而形成的，声音是听觉器官耳的感觉。声音的音量有大小之分，音色的美异之别另有音高、音长之分。

说话者，假如气发于丹田（丹田是道家修炼气功的术语，在人脐下三寸处），经胸部直冲声带，再经由喉、舌、齿、唇，发出的声音与仅用胸腔之气冲击声带而来的声音，气度不一样，节奏不一样，效果也有悦耳与沙哑的差别。声带结构不好，发出的声音不会动听，但假如经由专门的发声练习，是可以较大程度地改变声音效果的。

丹田的气充沛，因此，声音沉雄厚重，韵致远响，这是肾水充沛的征象，由此可知其人身体健壮，能胜福贵。同时，丹田之气冲击声带而来的声音洪亮悦耳，柔致有情，甜润婉转，给人舒服浑厚的美感。

发于喉头、止于舌齿之间的根基浅薄的声音，给人虚弱衰颓之感，显得中气不足，这也是一个人精神不足、身体虚弱、自信心不足的表现。

声音辨人术是指通过声音来识别人才。浅层的理解，是指听到一个人的声音（不仅仅是说话的声音，也包括脚步声、笑声等），就能知道

他是谁，前提必须是对此人的声音很熟悉，一般在朋友、亲人之间才能辨别，这只是辨别人的身份。高层次的理解，是由声音听出一个的心性品德、身高体重、学历身份、职业爱好等。这是一个很复杂的判断过程，既有经验的总结，又有灵感的涌动。声音可细分为声与音两个概念，既可由声来识人，又可由音来识人，但在实际运用中，多是由声音即两者同时来识别人。

声音最能陶冶性情，战鼓军号能使人精神抖擞，小鸟的啭鸣能让人心旷神怡。"声色犬马"，声音给我们带来的享受竟是排在首位的，就连人类的求偶活动也同鸟一样，是从婉转的声音开始的，所以人在青春期对各种甜言蜜语和流行歌曲的反应都很强烈。

人们的声音，由于健康状况的不同、生存环境的不同、先天禀赋的不同、后天修养的不同等而有所区别。因此，声音在一定程度上表现着一个人的文化品格——他的雅与俗、智与愚、贵与贱（这里指人格修养）、贫与富。

古人历来比较重视声音，认为声音是考察人物的一个组成部分，在深入观察和研究的基础上，按照阴阳五行的原理，把声音分为：

金声：特点是和润悦耳。

木声：特点是高畅响亮。

水声：特点是时缓时急。

火声：特点是焦灼暴烈。

土声：特点是厚实高重。

曾国藩承前人之说，认为人禀天地五行之气，其声音也有清浊之分，清者轻而上扬，浊者重而下沉，由是清者贵，浊者贱，道理说得很明白。

《礼记·乐记》云："凡音之起，由人心生也。人心之动，物使之然也。感于物而动，故形于声。声相应，故生变。"对于一种事物由感而生，必然表现在声音上。人的声音随着内心世界的变化而变化，所以说："心气之征，则声变是也。"

声音不但与气能结合，也和心情相呼应。因为声音会随内心变化而变化，所以：

内心平静，声音也就平和。

内心清顺畅达时，就会有清亮和畅的声音。

内心渐趋兴盛之时，就有言语偏激之声。

当今心理学也认为，不同的声音会给人不同的感受，有以下几种类型：

音低而粗。这类人较有作为、较现实，或许也可以说是比较成熟潇洒，较有适应力。

声音洪亮。此类人精力充沛，具有艺术家气质，有荣誉感，有情趣，热情。

讲话的速度快。此类人朝气蓬勃，活力十足，性格外向。

外带语尾音。这类型的人，精神高昂，有点女性化，具有艺术家的气质。

以上这四种类型的声音，不论在交易还是说服的工作上，都具有较为积极的作用。同样也有产生负面作用的声音。鼻音。大部分人都不喜欢这种声音。

语音平板。较男性化、较沉默、内向冷漠。使人产生紧张压迫的声音。这类人很自傲，喜欢以武力解决争端。

当然，以人的声音来判人的命运，是否正确，有待商榷。曾氏说道，"不必一一合调"，那自是又有不合规律一说了。重要的还在于"闻声相思"，一个"思"字，说明闻声识人不可呆板行事，得视具体情况而定。

音能辨人征

原典

声与音不同。声主"张"，寻发处见；音主"敛"，寻歇处见。辨声之法，必辨喜怒哀乐；喜如折竹，怒如阴雷起地，哀如击薄冰，乐如雪舞风前，大概以"轻清"为上。

译文

声与音是有着很大区别的。声是由于发音器官的启动而产生的，可以在发音器官启动的时候听见；而音在发音器官的闭合之时产生，在发音器官闭合的时候能感觉到它。辨别声的方法首要的是要辨别发音之人的喜怒哀乐。人在欣喜之时发出的声，宛如翠竹折断，清脆悦耳；愤怒之时发出的声，就如平地一声惊雷，豪壮有度；哀鸣之声则如击碎一块薄冰，凄切悲伤；而欢乐时所发之声就如雪花在空中飞舞，宁静洒脱。总之，均以清脆、飘逸为最悦耳之声。

　　"声音"，在现代来讲，是一个词，一般不把它分成"声"和"音"来讲。而《冰鉴》分两段来分别论述"声"与"音"的特点。

　　《冰鉴》认为，"声"与"音"的区别是：人开口之时发出来的空气振动产生"声"，此时空气振动的密度大、质量高，发音器官最紧张；闭口之后，余下来仍在空气中振动而产生的是"音"，此时空气振动密度已经减小，发音器官已松弛下来，是"声"传递的结果，为"声"之余韵，正如平常人们所说的"余音绕梁"。《冰鉴》用"声主'张'，寻发处见；音主'敛'，寻歇处见"这句话来表述这个意思。

　　人有喜怒哀乐在语音中必然有所表现，即"如泣如诉，如怨如慕"。因此，由音能辨人之"征"，即心情状态。

　　《冰鉴》中说："辨声之法，必辨喜怒哀乐。"前面谈到，人的喜怒哀乐，必在声音中表现出来，即使人为地极力掩饰和控制，但都会不由自主地有所流露。因此，通过这种方式来观察人的内心世界，是比较可行的一种方法。

　　那么"喜怒哀乐"又有什么具体的表现呢？

　　"喜如折竹"，竹子由于它自身的韧脆质地特点，"折竹"就有哗然之势，既清脆悦耳，又自然大方，不俗不媚，有雍容之态。

　　"怒如阴雷起地"，阴雷起地之势，豪壮气迈，强劲有力，不暴不躁，有容涵大度之态。

　　"哀如击薄冰"，薄冰易碎，但破碎之音都不散不乱，也不惊扰人耳，有悲凄不堪一击之象，但不峻不急，有"发乎情，止乎礼"之态。

　　"乐如雪舞风前"，风飘雪舞，如女子之临舞池而衣带飘飘，不胜美态，雪花飞舞之时，轻灵而不狂野，柔美而不淫荡，具有飘逸的潇洒之态。

从声音中听出贵贱

原典

声雄者，如钟则贵，如锣则贱；声雌者，如雉鸣则贵，如蛙鸣则贱。远听声雄，近听悠扬，起若乘风，止如拍琴，上上。

译文

所发之声雄浑刚健，像钟声一样激越洪亮、充满阳刚之气则为最佳，如果发出的声像敲锣之声一样浮泛无力，则显得卑贱；如果发出的声温文尔雅，若像鸡鸣一样清秀悠扬则显高贵，若像蛙鸣一样喧嚣空洞则显卑贱。发出的声远远听来，刚健激越，而近处听来，却又温润悠扬，起声的时候如乘风般飘洒自如，悦耳动听，止声的时候又如高手抚琴，雍容自如，这才是所发之声中的最佳品。

曾国藩所言声音之贵贱尽管有其道理，但也不可一概而论，否则就有可能失之偏颇。不过，从人的话语中听出人的个性特征，倒是有可能的。

曾国藩奉命办团练，招揽人才之时，"湘乡奇伟非常之士，争自创磨立功名，肩相摩，指相望"。罗萱是最早应募到曾门的人之一。传说当时每天都有百十人到营中报名，曾国藩一一召见，问询长短，稍有才能的人都留了下来。一天，曾国藩已召见多人，倦极不见客。正在似睡

非睡时，忽听外面有吵声，起身向窗外一望，但见一位身材不高，只穿一件单衣的青年人被守门人拦住。青年人声音朗朗，气质非凡，但任凭他怎样讲，守门人仍不放行。青年人也不气馁，大有不见曾国藩不罢休的气势。正在僵持之际，曾国藩推门而出，并喊住守门人，对罗萱说："听君的声音爽朗圆润，必是内沉中气，才质非凡之人。"遂将罗萱引入上宾之位，俩人叙谈起来。随后，曾国藩立即决定让罗萱掌管书记，日常文牍往还的工作也一并交给了他。

罗萱，字伯宜，湘潭人。父汝怀，道光十七年（1837）拔贡，曾任芷江学训导，候选内阁中书，以学行闻于时，著有《湖南褒忠录》。罗萱生有夙慧，工诗文书法，能传其父学。为诸生，屡列优等。倡导经世之学，领湖南诗坛风骚数百年、著名的封疆大吏贺长龄，以"家风不可及"闻名遐迩的新化邓显鹤、沈道宽对他都很器重。

曾国藩率湘军东下时，罗萱以亲老欲辞，但曾国藩写信请他入府，并说："今专足走省，敬迓文旆，望即日戒涂，惠然遄臻，无为曲礼臆说所误。蟾蜍裹沙而不行，於菟腾风而万里。士各有志，不相及也。千万千万！祷切祷切！"咸丰五年（1855）曾国藩入南昌，重整水师；后进屯南康，设置楚师三局，制造弹药武器，又设船厂，建南湖水师。时年四月，罗萱随曾国藩经吴城入南康。

咸丰五年—咸丰六年（1855—1856）间，是曾国藩处境最困难的时期。戎马倥偬，而客居江西，兵饷皆不宽足，又受太平军石达开部不时攻袭，常常是停泊船上，不用说安生休息，性命也时有不保。为了取得朝廷的信任，还必须经常奏报军中缓急。而罗萱上马操剑，下马走笔，兼具文武，形影不离，是难得的人才。曾国藩每有上疏，罗萱皆操笔如

流。有时"警报骤逼，势危甚"，罗萱也"甘心同命"。又时常调节诸将之间的矛盾，使各当其意以去。咸丰六年，翼王石达开入江西，攻陷瑞、临、袁、吉、抚、建诸郡，省城孤悬。罗萱领湘军三千人攻建昌，城即破，但太平军援军忽至，都司黄虎臣战死，城未攻下。于是曾国藩又令其攻抚州，将至，又得知曾国华、刘腾鸿等自鄂援江攻瑞州，曾国藩又令他自抚州赴瑞合攻。在瑞州，罗萱与刘腾鸿等与太平军展开了殊死战，八战皆捷，取得了瑞州战役的胜利。曾国藩坐视瑞州后，罗萱以久在军中，遂向曾国藩乞假归湘中。

罗萱是喜欢贡献才智又不愿仕进的人，回到家乡后，本想专心读书，以写作终其生。可是，地方大员及同乡亲朋不断召其入幕，他均婉言谢绝。同治七年（1869）十一月，既是同乡挚友又很钦佩罗萱的黄润昌奉命入黔，与记名布政使席宝田会同镇压起义。黄润昌再三请求，罗萱入军营掌文案，兼理营务处。每天白天出外领队作战，夜晚笔削奏牍。

黄润昌原受曾国荃的赏识，咸丰九年（1859）被召入安徽军营。次年，在攻复安庆中，黄润昌成功地策动了程学启反叛，后帮李鸿章立足上海，咸丰十一年，又招抚皖南太平军。同治三年，因随攻金陵，加布政使衔。

黄润昌得檄令已是腊月，黔省极为寒冷，罗萱到营后随即开赴清溪。清溪是原邓子垣的军所。安营扎寨后，罗萱和黄润昌，设水师，作战守，作大举进攻的准备。湘军进入黔境后，先后攻克铜仁、遵义等五郡，而南路进攻受阻。同治八年（1870）三月，黄润昌、罗萱遇伏战死。黄润昌年仅29岁，罗萱年43岁。

罗萱貌温雅，文翰流美，而性极恬退，从军十余年，不趋便营利，

亦不图仕进，至死还是个知府。著有《仪郑堂文笺注》二卷，《粤游日记》一卷，《蓼花斋诗词》四卷。

罗萱一世英名，曾国藩凭声识人果然自有其道理。

人在说话时，是在进行思想的交流，同时也是心理、感情的流露，其中，语速的快慢、缓急直接体现出人类的感情状态和心理特征。

声音在不知不觉中变小者为内向型人，讲话的时候窃窃私语，或仿佛耳语一般，小声嗫嚅的人，一定是属于内向型的人。

内向型的人常常会在无意识之中跟他人保持一定的距离，而且还会采取内闭式的姿势，那就意味着"我不希望你能了解我的心事"以及"不想让初次见面的人一下看穿我的心意"，当然，也就不会畅所欲言了。

内向型的人对他人的警戒心特别强烈，而且认为不必让他人知道与自己有关的事情。正因为如此，他连自己应该说的话也懒得说出口，一心想"隐藏"自我，声音当然也就变成嗫嚅了。

这样的情况不仅是在一对一的聊天时如此，在会议上的发言也是如此，由于他并不想积极说出自身的看法，以致欲言又止，变成了喃喃自语似的，声音很小，又很缓慢。说话的时候，常常不是明确而直截了当地讲出来，总是喜欢绕着圈子，使听的人感到焦躁不安。这样的人即使是对于询问，也不会做出明确的答复，态度有些优柔寡断。

内向型的人对他人的警戒心理固然相当强烈，但是内心几乎都很温和，为了使自己的发言不伤害到其他人，总是经过慎重考虑之后再说话，同时又担心自己发表的意见将造成自己跟他人的对立。

由于胆怯又很容易受到伤害，而且过度害怕错误以及失败，只好以较微弱的声音娓娓而谈，或许他认为这种说话方式最安全。

但是，对于能够推心置腹的亲友以及家属也就不一样了，对于这一类尤为亲近的人，内向型的人都会解除警戒心，彼此间的距离也会被拉近。

说话速度稍快，说起话来仿佛在放鞭炮似的，几乎都属于外向型的人。

外向型的人善于交流，能说会道，且言语流畅，声音的顿挫富于变化，一旦想到什么事情，就会毫不考虑地说出来，有时又会把自己的身体挪近他人，说到眉飞色舞的时候，口沫横飞，甚至会把他人的话拦腰一"斩"，以便贯彻自己的主张。

即使还不到此种地步，这类人说话的方式仍然显得亲切，即使是对于初次见面的人，他也能够以亲切的口吻与之交谈，脸上浮着微笑，不时地点头。

当对方的意见、想法等跟他要说的意思一致的时候，他就会随声附和地说："就是啊……就是啊……"并且眨动着眼睛，因为对外向型的人而言，跟他人同感，一唱一和之事，乃是至上的快乐。

外向型的人跟别人碰面的时候，只要彼此交谈，就能够使他的性格更为鲜明。所以，一旦话说到投机处，就无法控制，不断地涌出更多的话题，好似有取之不尽的"话源"似的，有时话题变得支离破碎，无法再度接合，他仍然会喋喋不休。因为对他而言，"开讲"本身就是一件极为快乐的事情。

外向型的人能够在毫不矫揉造作之下，以开玩笑的口吻介绍他自己。有时是自己的可笑的事，他都敢于说出来，博得对方一笑，因为他是一根肠子通到底的人，什么事情都不隐瞒，不在乎大家都知道他的事。

　　即使事后自己也认为"说得太过火"，他也不会表示后悔。正因为他具有不拘泥于小节的性格，对于过去的事情很少去计较或者后悔，有时他甚至会忘记自己说过的事情，一旦对方提醒，方才搔着头说："哦！我那样说过吗？"

　　正因为如此，他喜欢想到哪儿就说到哪儿。乍看之下，这种人似乎轻率而欠缺考虑，事实上，他们懂得配合对方的说话速度，一面看着对方，一面交谈，同时更能够缓急自如、随机应变地改变话题，为的是不想扫对方的兴，因此，我们可以说，这种类型的人很善于社交式的交谈。

　　总而言之，外向型的说话方式都很注意一个目标，那就是给周围的人快乐而轻松的气氛，这是因为他们喜欢跟周围的人一起欢笑的缘故。

说话时嘴巴的动作反映出一个人内在的性格

原典

"大言不张唇，细言不露齿"，上也。

译文

　　人们常说："高声畅言却不需大张其口，低声细语也牙齿含而不露"，这是发声中的较佳者。

145

"大言不张唇"（严格地说，这是不可能的，应该是"大言却不大张唇"）是谨慎稳重、学识深厚、养之有素的表现；"细言不露齿"，表明其必温文尔雅、精爽简当、成熟干练。曾国藩的意思很明确：说话时嘴巴的动作也可反映出一个人内在的性格。

"好马长在腿上，好人长在嘴上"，这恰当地说明了嘴巴对人有着十分重要的作用。这句话有两层含义：一是说人的嘴长得好看，正如女子长有好看的嘴会被称为樱桃小口，强调的是嘴巴的视觉功能；二是嘴巴能花言巧语和雄辩，就像战国时期的苏秦，他就凭借自己的一张嘴巴，完成了游说六国的任务。

谈吐清晰、口齿伶俐的人。这种人，一般能说会道，给他人的第一印象就是嘴上功夫了得。这种人通常会有两种不同的极端，要不才华横溢，要不啰里啰唆。前者能够靠着自己丰厚的知识底蕴，说出的话有根有据，不容辩驳，口若悬河；后者则截然相反，他们说的话虽多，却是长篇累牍，词不达意，但他们也有敏捷的思维、机智，在交往过程中没有半点的迟钝和呆板，拥有极为广泛的社会关系。

嘴巴常抿成"一"字形的人。这种嘴形是在要做出重要的决策，或在事态紧急的情况下常有的嘴形。这类人一般都比较坚强，具有坚持到底的顽强精神，面对困难不会临阵退缩，而是一个劲地想战胜对方。他们较倔强，每件事都经过深思熟虑才采取行动，这时候谁也阻挡不了他们。他们有"不到黄河心不死，不到长城非好汉"的心理，所以较有可能获得成功。

说话时用手掩嘴的人。这种人属于腼腆类的人，不会将自己轻易地或过多地呈现在众人面前。尤其是他们在陌生人或关系一般的人面前会

一言不发。他们比较保守，在与人进行交往的过程当中，极力掩饰自己真实的感受。掩嘴的另外一个意思，还表明可能是自己做错了某一件事情，而进行自我掩饰，张嘴伸舌头也有这方面的意思。

口齿不清、说话迟钝的人。这种人一般性格比较孤僻，在语言表达方面缺乏训练，不喜欢人多的地方，经常独处，这样的人若想获得很大的成就，可谓不易。

不过，这种人也可能属于"不鸣则已，一鸣惊人"的类型。有一句名言说得好：沉默的人总是最危险的人。在别人夸夸其谈的时候，他们通常是沉默寡言，但在脑中却不停地进行着思考，他们说话不多，但大多是"一鸣惊人"。

牙齿咬嘴唇的人。这种人常有的交谈动作是，上牙齿咬下嘴唇、下牙齿咬上嘴唇或双唇紧闭。他们给人的感觉就是他们在聚精会神地交谈，而他们也正是在聆听对方的谈话，同时在心中仔细揣摩话中的含义。他们一般都有很强的分析能力，遇事虽然判断迟缓，但一旦形成决定，则会滴水不漏。

嘴角上挑的人。这种人性格外向，机智聪明，能言善辩，善于和陌生人主动打招呼，并快速地进入亲切交谈的角色。他们胸襟开阔，有包容心，对曾经伤害过自己的人并不记恨。有着非常好的人际关系，在最困难的时候常常能够得到他人的支持与帮助，属于"吉人自有天相"的人。

什么样的品性对应什么样的声音

原典

出而不返，荒郊牛鸣。急而不达，深夜鼠嚼；或字句相联，喋喋利口；或齿喉隔断，啮啮混谈：市井之夫，何足比较？

译文

如果声音像荒郊旷野中牛之孤鸣，虚浮而无余韵；或者像夜深人静时老鼠偷吃东西时发出的"吱吱咯咯"声，急切而不畅达；或者说话时一句紧跟一句，急促却又语无伦次；或者说话时口齿不清，吞吞吐吐，如鸟鸣般嗳嚅，含糊而不能辨其声。这几种都属于市井中人的粗鄙俗陋之声，又怎么能和以上几种声比较呢？

古人认为荒郊旷野，一牛孤鸣，沉闷散漫，有声无韵，粗鲁愚妄之人，其"声"大抵如此；夜深人静，群鼠偷食，声急口利，咯咯吱吱，尖头小脸之人，其"声"与此相似。至于"字句相联，喋喋利口"，足见其语无伦次，声无抑扬，其人必幼稚浅薄，无所作为；"齿喉隔断，啮啮混谈"，足见其吞吞吐吐，不知所云，其人必怯懦软弱，一事无成。以上"声"相，当然属于下等，所以曾国藩才不屑一顾地说："何足比较"！

在曾国藩看来，声音是一个人内在品性的外在体现，什么样的品性

对应什么样的声音，这似乎是很难改变的。

历史上听声辨人的事例很多。郑子产一次外出巡察，突然听到山那边传来妇女的悲恸哭声。随从们面视子产，听候他的命令，准备救助，不料子产却命令他们立刻拘捕那名女子。随从不敢多言，遵令而行，逮捕了那位女子。当时这名女子正在丈夫新坟前面哀哭亡夫。人生有三大悲：少年丧父、中年丧夫、老年丧子，可见该女子的可怜。以郑子产的英明，不会无缘无故对此妇动粗，其中缘由，是因为郑子产的闻声辨人之术也。郑子产解释说，那妇人的哭声，没有哀恸之情，反蓄恐惧之意，故疑其中有诈。审问的结果，果然是妇女与人通奸，谋害亲夫。

孔子也深谙闻声辨人的技巧，似乎比郑子产还高出一筹。虽然孔子讲过"以貌取人，失之子羽；以言取人，失之宰予"，但他凭外貌声色取人的功夫，实在是有过人的天分。

孔子在返还齐国的途中，听到非常哀切的哭声，他对左右讲："此哭哀则哀矣，然非哀者之哀也。"碰到那个哀哭的人之后，才知道他叫丘吾子，又问其痛哭的原因，丘吾子说："我少年时喜欢学习，周游天下，竟不能为父母双亲送终，这是一大过失。我为齐国臣子多年，齐君骄横奢侈，失天下人心，我多次劝谏不能成功，这是第二大过失。我生平交友无数，深情厚谊，不料后来都绝交了，这是第三大过失。我为人子不孝，为人臣不忠，为人友不诚，还有何颜面立在世上？"说完便投水而死。丘吾子的三悔痛哭，是今天社会中再难重现的古士高风，而孔子能听音辨人心事，非常人之天赋，所以流传后世。

有时说话的声音也能决定人的沉浮。明成化年间，兵部左侍郎李震业已九年考满，久盼能升至兵部尚书，恰好这时兵部尚书白圭去职，机

会难得。不料朝廷命令由李震的亲家，刑部尚书项忠接任。

满怀希望的李震深为不满，对他的亲家埋怨说："你在刑部已很好了，何必又钻到此？"过了些天，李震脑后生了个疮，仍勉力朝参，同僚们戏语说："脑后生疮因转项"（意指项忠从刑部转官而来），李震回答说："心中谋事不知疼"，仍然汲汲于功名，不死其心。其实李震久不得升迁，是因为声音的变化而影响了皇帝对他的印象。在皇帝看来，忠臣奏朝章往往能朗朗而谈，而奸臣则声音低沉而险恶，李震的声音历来沙哑而不定，给人一种不可靠的感觉。因为他素患喉疾，每逢奏事，声音低哑，为宪宗皇帝所恶。与李震一殿为臣的鸿胪寺卿施纯，声音洪亮，又工于辞令，在班行中甚是出众，宪宗对他很欣赏。因而升官的事自然与李震无缘。这虽是一个极端的例子，但也说明了语音对人们印象的重大影响。

有些时候言谈声调也可探察人的内心深层次的心理活动。

一般初次见面的时候，声音往往会给对方留下很深的印象。有些人的声音轻缓柔和，有些人的声音带有沉重威严感。人们一般会根据记忆中的声音去识别人。

有时，声音能够表现出人们的性格、人品等特性，从脸部表情、动作、言词无法掌握对方心态时，常常可从声调去体验他情绪的波动。

具有温和沉稳声音的人，一般情况下，这种类型的人办事慢条斯理，常常是这种情况：上午有气无力，下午却变得活泼起来。他们富于同情心，不会坐视受困者而不理。刚开始或许难以交往，但性格比较忠诚，因此朋友虽少却精。

若女性的音质柔和、声调低，那么她们大多性格内向，会随时顾及

周围的情况而控制自己的感情，同时也渴望表达自己的观念，因此应该尽量顾及她们的感受。

另外，如果男性的声音比较温和沉着，那么他们乍看上去会显得老实，其实也有其顽固的一面，他们往往固执己见，绝不妥协，不会讨好别人，也不轻易相信别人。

具有高亢尖锐声音的人，一般情况下比较神经质，对环境反应强烈，可能会因为房间变更或换张床就睡不着觉。他们富于创意与幻想力，讨厌向人低头，说起话来滔滔不绝，常向他人灌输己见。面对这种人不要给予反驳，在一定程度上满足其虚荣心可以让他感觉很好。

在男性中，如果声音较为高亢尖锐，那么他们的个性比较狂热，容易兴奋也会很快感到疲倦。这种人对女性会一见钟情或贸然地表白自己的心意，往往会使对方大吃一惊。高亢声音的男性一般都从年轻时代便透露出其鲜明个性。

如果发出这种声音的是女性，那么她们的情绪一般会起伏不定，对人的好恶感也非常明显。这种人一旦执着于某一件事时，往往顾不得其他。这种人会轻易说出与过去完全矛盾的话，且并不以为意。

在人们的语言中，除了音感和音调之外，语言本身的韵律也能够透视人心的感情因素。

一般来说，成功的政治家、企业家等，在掌握言谈的韵律方面，都有自己的独创之处。就是这种细节性的处理方式，才能够使他赢得社会或下属的尊重和信任。

说话速度慢的人，一般都性格沉稳，他处事做人一般是那种十足的慢性子。

如果话题沉闷、冗长，要有相当时间才能告一段落的情况出现，说明谈论者心中必潜藏着唯恐被打断话题的不安。唯有这种人，才会以盛气凌人的方式谈个不休。至于希望尽快结束话题交谈的人，也有害怕受到反驳的心理，因此经常会让对方有意犹未尽的感觉。

另外，若一个人总是滔滔不绝谈个不止，那么他有可能是目中无人，也有可能是喜欢表现自己。这类人的性格十分外向，但有时不会很讨人喜欢。

由说话的情形把握人的心理

原典

音者，声之余也，与声相去不远，此则从细曲中见耳。贫贱者有声无音，尖巧者有音无声，所谓"禽无声，兽无音"是也。凡人说话，是声散在前后左右者是也。开谈多含情，话终有余响，不唯雅人，兼称国士；口阔无溢出，舌尖无宛音，不唯实厚，兼获名高。

译文

音，是声的余韵。音跟声相去并不远，其间的差异从细微的地方还是可以听出来的。贫穷卑贱的人说话只有声而无音，显得粗野不文雅，圆滑尖巧的人说话则只有音而无声，显得虚饰做作，俗话所谓的"鸟鸣

无声，兽叫无音"，说的就是这种情形。普通人说话，只不过是一种声响散布在空中而已，并无音可言。如果说话的时候，一开口就情动于中，而声中饱含着情，到话说完了似乎还有余响，则是温文尔雅的人，而且可以称得上是社会名流；如果说话的时候，口阔嘴大却声未发而气先出，口齿伶俐却又不矫造轻佻。这不仅表明其人自身内在素养深厚，而且预示其人还会获得盛名隆誉。

曾国藩说"声"和"音"是有区别的，而这种区别跟音质和音色似乎并无太大的关系，这种区别更多取决于当事人说话时表现在外的各种情形。

在现实生活、工作、社会交往当中，细心观察和聆听对方说话的情形，可以很准确地把握对方的心理活动。

善于倾听的人，大部分是富有自己缜密的思维、独特的思想，而又性情温和、谦虚有礼的人。他们或许不能引起别人的注意，但通过一段时间的交往，一定会得到别人的依赖与尊重，他们善于思考，虚心好学，是值得信任的朋友。

能说会道的人，大多数人的反应速度快，思维比较敏捷，随机应变的能力强。他们善于交谈，与他人讲大道理，以显示自己的聪明。该类型的人圆滑世故，处理各种各样的问题都非常老练，他们在绝大多数时候会很招别人的喜欢，由此人际关系会很不错。

在说话中常带奇言妙语者，他们大多比较聪明和智慧，具有一定的幽默感，比较风趣，而且随机应变能力强，常会给他人带去欢声笑语，很招他人的喜欢。

在谈话过程中转守为攻者，多心思缜密，遇事能够沉着冷静地面对，随机应变能力强，能够根据形式适时地调节自己。他们做事一向稳重，从不做没有把握的事情，总是首先保证自己不处于劣势，然后再追求进一步的成功。

在与人交流的过程中，能够运用妙语反诘的人，不但会说，而且还会听，当发现形势对自己不利的时候，能够及时抓住各种机会去反击，从而使自己处于主动的地位。

善于根据谈话的进行适时地改变自己言谈的人，大都头脑比较灵活，能够在极短的时间内，准确地分析自身的处境，然后寻找恰当的方法求得解脱。

言谈十分幽默的人，多感觉灵敏，胸襟豁达，心理健康，他们做事很少死板地去遵循一定的规则，甚至完全是不拘一格。他们十分灵通、圆滑，显得聪明、活泼，很多人都愿意与他们交往，他们会有很多的朋友。

在谈话过程，常常说一些滑稽搞笑的话以活跃气氛的人，待人比较亲切和热情，并且富有同情心，能够顾及他人的感受。

在与他人谈话期间，善于以充分的论证论据说服他人的人，大多是相当优秀的外交型人才。他们能够通过自己独特的洞察力，使自己占据一定的主动地位，使他人完全按自己的思路走，以赢得最后的胜利。

自嘲是谈话的最高境界，善于自我解嘲的人多有乐观、豁达、超脱、调侃的胸怀和心态。

在谈话中善于旁敲侧击的人多能听出一些弦外之音，又较圆滑和世故，常做到一语双关。

在谈话中软磨硬泡的人，多有较顽强的性格，有一股不达目的誓不罢休的精神，一直等到对方实在没有办法，不得不答应，才罢手。

在谈话中滥竽充数的人，多胆小怕事，遇事推卸责任，凡事只求安稳太平，没有什么野心。

避实就虚者常会制造一些假象去欺骗、糊弄他人，一旦被揭穿，又寻找一些小伎俩用以逃避、敷衍过去。

固执己见者从来听不进他人的意见和建议，哪怕他人是正确的而自己是错误的。

当然，要真正做到听其言识其本质，仅仅把握对方一时的心理活动是远远不够的。那么怎样才能真正做到"听其言，识其人"呢？

第一，"兼听则明，偏听则暗。"即指不能偏听一人之言，而就多听众人之言；不能只听其一面，而应多方征求，兼而察之。

第二，"听话听音，锣鼓听声。"这是一句俗话，但富含哲理，即听话不可仅听其表面，也不可"左耳进，右耳出"，一听而过，而应听其实质，听其含意。而要如此，必须加以具体分析。这样，无论是真话、假话、直话、绕话，旁敲侧击之话，还是含沙射影之话，都可以听出一些味道而了解其真意。

第三，听其言而察其人。语言无论怎样表达，它都在一定程度上反映了一个人的性格和品质。一般而言，经常说真话的人应是为人忠诚，实事求是之人；经常说假话的人，应是巧伪奸诈之人；直来直去说话的人，应是性格直爽，心直口快之人；说话词意不明的人，应是唯唯诺诺之人；说一些朴实无华但富含哲理之言的人，应是很有思想、很有见地之人。因此，说话，实质上是一个人品性、才智的显露，只要考察者出于公心，从一个人的说话，定能有所发现。例如，三国时，陈琳曾在一篇檄文中把曹操骂得狗血喷头，但曹操却从中发现陈琳是一位很有才华的人，后来予以重用。张辽被曹操捕获，对曹操破口大骂，曹操却从中发现张辽是位性格直爽的忠勇之士，而当场释放，委以重任。而吕布虽武艺超群，但一见曹即跪地求饶，其声甚切，但曹一听其言，复忆其行，即知其是反复无常、贪生怕死之人，当即处死。可见，"言为心声"，只要慎听，是能听出一些名堂来的。

当然，"知其心，而听其言"，与"轻言重行，综核名实"并不矛盾。这里强调的是察人，不排斥"察言"，"察言"是察人的一个方面。而"察言"又与"信其言"不同，"信其言"是有条件的，"事莫贵乎有验，言莫弃乎无证"，"如其心而听其言"，"有证"之言、"知其心"之言可信，而无证之言，不"知其心"之言，非但不可信，还应从反面去理解它。

"齐桓公兼听用管仲"的做法就很值得我们借鉴。

据《史记·齐太公世家》记载，齐襄公当政时，因醉杀鲁桓公，他的弟弟公子纠和小白因怕受到牵连，所以分别同其师傅管仲、鲍叔牙到鲁国和莒国避难。

齐国国君被刺杀后，齐国诸位大夫商议立君之事。这时高奚等人暗中派人到莒国召回小白，商议让其继位。鲁国人听到死讯后，也发兵送公子纠回齐国继位，并命管仲率领军队阻拦小白回国。在进军的路上，管仲与小白的人马相遇，管仲向小白射了一箭，恰中小白的带钩，小白装死而骗过管仲，躺在车中立即奔回齐国，继承了君位，是为齐桓公。小白即位后，发兵攻打鲁国，在乾地将鲁兵打败，并送信给鲁国国君道："子纠是我的哥哥，不忍亲手杀他，请鲁国把他杀了。召忽、管仲是我

的仇人，请你们交给我把他们剁成肉酱，否则，我就围攻鲁国。"鲁国害怕，便在笙渎杀了公子纠，召忽自杀，管仲自请囚禁。

齐桓公发兵攻打鲁国，原想杀死管仲，以报一箭之仇。为此，鲍叔牙对齐桓公说："我跟您已经很多年了，今天您被立为国君，这是非常荣幸的事情。国君的地位虽然很崇高，但是我没有本领再帮助您提高地位和荣誉了。如果仅仅治理齐国，有高奚和我两个人的辅佐就足够了，如果您要称霸诸侯，那非有管仲不可。论本领，他比我大很多，所以管仲在哪个国家，哪个国家的地位就会提高，你可千万不能错过这个机会啊！"齐桓公非常奇怪地反问道："管仲亲自用箭射过我，差点使我丧命，我们怎么还可以用他呢？"鲍叔牙听后哈哈大笑，并对桓公说："这就是他忠于自己主人的最好表现。如果您能宽恕他，重用他，他也一定会像侍奉公子纠一样地侍奉您。"于是齐桓公听从了鲍叔牙的劝告，便使用"佯召管仲欲报仇"的计谋，将管仲要回齐国。

管仲回到齐国以后，齐桓公不计一箭之仇，拜管仲为相国，而鲍叔牙则为副手。管仲执政后，与鲍叔、隰朋、高奚同心协力治理国家，改革内政，整顿军制，发展经济，救济贫穷，选拔贤才，使齐国很快强大起来。到公元前656年，齐国威望大大提高，齐桓公终于取得了霸主地位。

齐桓公对管仲本有一箭之仇，欲将其剁成肉酱方解心头之恨。但经鲍叔牙的举荐，说明齐国要想称霸于诸侯非管仲辅佐不可的道理后，具有雄才大略的齐桓公不仅不杀管仲，而且委以重任，让其执掌国政，实在是胆识过人。如此这样，不懂得"兼听则明"的道理是断然办不到的。

要做到"兼听则明"，在听言观行中，需注意以下几点：

一是众人观察。孟轲有这样一段名言："左右皆曰贤，未可也；诸大夫皆曰贤，未可也；国人皆曰贤，然后察之，见贤焉，然后用之。左右皆曰不可，勿听；诸大夫皆曰不可，勿听；国人皆曰不可，然后察之，见不可焉，然后去之。"（《孟子·梁惠王下》）他告诫人们对贤者下判断时，一定不能只凭个人一隅之见，而要听群众意见；之后，还要"察之"，要看其是否果真如此，勿为不负责任的"闲言碎语"或"恶意中伤"所离间。李觏也认为，不能仅凭"一人之举"，而需众人"共举"（《李觏集·安民策》）。

金世宗完颜雍曾说过："朕之取人，众所与者用之，不以独见为是也。"（《金史·世宗纪》）即我选用人才时，大家都推荐的才使用，我并不认为个人的看法都是对的。

二是长期观察。李觏认为对德才的确定，不能只凭一时的表现，而需经较长时期的考察，要"日观其德，月课其艺。贤邪非一时之贤，久居而不变，乃其贤也。能邪非一时之能，历试而如一，乃其能也"（《李觏集·安民策》）。

三是全面观察。西汉邹阳认为，识别评价人才要"公听并观"（《西汉文·邹阳狱中上梁王书》），从各方面进行观察，德才资全面衡量；观其主旨，不求微功细过。

四是责求实效。苏轼认为，根据实绩判断能力的强弱才是正确的知人之法。"得人之道，在于知人；知人之法，在于责实。"（《苏东坡全集·议学校贡举状》）

气色第七

　　曾国藩在《冰鉴》里认为，人以气为主，气在内为精神，在外为气色，气与色是表里性的一组概念。曾国藩强调，气色的存在形式和类型角度从某种程度上来说是变化不定的，所以在通过气色观人、识人时应持变化的观念，而不能做机械式的判断。

面部气色，显其命运

原典

面部如命，气色如运。

译文

如果说面部象征并体现着人的命，那么气色则象征并体现着人的运。

人的面部气色忌青色，也忌白色，青色常常出现在眼的下方，白色常常出现在眉梢的附近。但是青色和白色出现在面部，又有不同的情况。古人认为如果是由于心事忧劳而面呈青色，这种青色一定既浓且厚，犹如凝墨；如果是遇到飞来的横祸而面呈青色，这种青色则一定轻重不均，状如浮烟。如果是由于嗜酒贪色而疲惫倦怠面呈白色，这种白色一定势如卧羊，不久即会散出，如果是由于遇到大灾大难而面呈白色，这白色一定状如枯骨，充满死气。还有，如果是青色中带有紫气，这种气色出现在金形人的面部，此人一定能够飞黄腾达；如果是白润光泽之色，这

种气色出现在金形兼土形人的面部，此人也会获得富贵。这些都是特例，就不在此论述了，而最为不佳的气色为以下四种：白色围绕眼圈，此相主丧乱，黑色聚集额尖，此相主参革；赤斑布满两颊，此相主刑狱，浅赤凝结地阁，此相主凶之。以上四相，古人认为如果仅具其一就会前程倒退败落，并且接连遭灾遇祸。

"惨择之情在于色"，即通过对一个人"色"的观察，可以看出他情感的表现。因色是情绪的表征，色悦者则其情欢，色沮者则其情悲。

古人认为色，主要是指人的面色："夫声畅于气，则实存貌色；故诚仁，必有温柔之色；诚勇，必有矜奋之色；诚智，必有明达之色。"气流的通畅发出了声音，一个人的性格则会在相貌和气色上有所流露。所以，仁厚的人必有温柔的貌色；勇敢的人必有激奋的气色；智慧的人必有明朗豁达的面色。

人一生要经历漫长的路程，大致说来有四个时期：幼年时期，青年时期，壮年时期，老年时期。在各个阶段，人的生理和心理发育和变化都有一定差异，有些方面甚至非常显著。

表现在人的肤色上则有明暗不同的各种变化。这就如同一株树，初生之时，色薄气雅，以稚气为主；生长之时，色明气勃；到茂盛之时，色丰而艳；及其老时，色朴而实。人与草木俱为天地之物，而人更钟天地之灵气，少年之时，色纯而雅；青年之时，色光而洁；壮年之时，色丰而盛；老年之时，色朴而实，这就是人一生几个阶段气色变化的大致规律。人的一生不可能有恒定不变的气色，以此为准绳，就能辩证看待人气色的不同变化，以"少淡、长明、壮艳、老素"为参照，可免于陷入机械论的错误中去。

一般来讲，仁善厚道之人，有温和柔顺之色；勇敢顽强之人，有激奋亢厉刚毅之色；睿智慧哲之人，有明朗豁达之色。

齐桓公上朝与管仲商讨伐卫的事，退朝后回后宫。卫姬一望见国君，立刻走下堂一再跪拜，替卫君请罪。桓公问她什么缘故，她说："妾看见君王进来时，步伐高迈，神气豪强，有讨伐他国的心志。看见妾后，脸色改变，一定是要讨伐卫国。"

第二天，桓公上朝，谦让地引进管仲。管仲说："君王取消伐卫的计划了吗？"桓公说："仲公怎么知道的？"管仲说："君王上朝时，态度谦让，语气缓慢，看见微臣时面露惭愧，微臣因此知道。"

齐桓公与管仲商讨伐莒，计划尚未发布却已举国皆知。桓公觉得奇怪，就问管仲。管仲说："国内必定有圣人。"桓公叹息说："白天来王宫的役夫中，有位拿着木杵而向上看的，想必就是此人。"于是命令役夫再回来做工，而且不可找人顶替。

不久，东郭垂到来。管仲说："是你说我国要伐莒的吗？"他回答："是的。"管仲说："我不曾说要伐莒，你为什么说我国要伐莒呢？"他回答："君子善于策谋，小人善于臆测，所以小民私自猜测。"管仲说，"我不曾说要伐莒，你从哪里猜测的？"

他回答："小民听说君子有三种脸色；悠然喜乐，是享受音乐的脸色；忧愁清静，是有丧事的脸色；生气充沛，是将用兵的脸色。前些日子臣下望见君王站在台上，生气充沛，这就是将用兵的脸色。君王叹息而下呻吟，所说的都与莒有关。君王所指的也是莒国的方位。小民猜测，尚未归顺的小诸侯唯有莒国，所以说这种话。"

由一个人的"气"识人

天命固宜整齐，小运亦当亨泰。是故光焰不发，珠玉与瓦砾同观；藻绘未扬，明光与布葛齐价。大者主一生祸福，小者亦三月吉凶。

译文

大命是由先天生成的，但仍应该与后天遭遇保持契合，小运也应该一直保持顺利。所以如果光辉不能焕发出来，即使是珍珠和宝玉，也和碎砖烂瓦没有什么两样；如果色彩不能呈现出来，即使是绫罗和锦绣，也和粗布糙布没有什么二致。大命能够决定一个人一生的祸福，小运也能够决定一个人几个月的吉凶。

观察一个人的"气"，可以发现他的沉浮静躁，这是能做成大事的必备素质。

沉得住气，临危不乱，这样的人可担当大任；浮躁不量力去攻坚，做事往往"知难而退"、半途而废。活泼好动与文静安详不是沉浮静躁的区别。底气足，干劲足，做事易集中精力，且能持久；底气虚，精神容易焕散，多半途而废。文静的人也能动若脱兔，活泼的人也能静若处子，而神浮气躁的人，做什么事都精力焕散，半途而废，小事精明，大事糊涂，该粗心时粗心，该细心时也粗心，不能真正静下心来思考问题，而遇事慌张，稍有风吹草动，就气浮神惊起来。

自然界中容易感染影响人、物的，莫过于气；而一个人有威仪、有风度，也可以成为别人的楷模。所以人的威仪风采可以感染影响他人的，就是气象。

《近思录》说："孔子是天地之间的元气；颜回则像春天一样和煦温暖；而孟子身上有一种肃秋杀气。孔子的气象无所不包，而颜回遵从孔子的教诲，像是愚笨似的，但却是一种自然和谐的气象，可以做到不说一句空话而感人无穷；孟子则是才情毕露，这也是时代使之然。孔子，如天地一样；颜回，像和风一样；而孟子则是气象如泰山一样威严。"《人谱类记》记载：程颐、程颢在伊川，气象极其严峻肃整，但是有点刻板迂腐而不可接近；只有明道先生程颢和蔼平易而又不失一身正气，颇得孔子的家法。一天，明道先生与弟弟程颐同到一所寺庙，明道先生由左门进去，弟弟经右门进去，跟随明道先生从左门进去的数以百计，跟随弟弟从右门进去的寥寥无几。程颐十分感慨地说："这正是我不如家兄的地方啊！"

古人认为，人禀气而生，"气"有清浊、昏明、贤鄙之分，人有寿夭、善恶、贫富、贵贱、尊卑的不同，这些由"气"能反映出来。"气"旺，则生命力强盛；"气"衰，则生命力衰弱。生命力旺盛与否，与他日常行事的成败有密切联系，生命力不强，难以顽强地与困难作斗争，自然难以成功。生命力旺盛，则能长期充满活力、精神焕发，是战胜困难，取得成功的必要条件。但是"气"的旺衰，与人之好动好静并不一样。好静好动与性格有关，与"气"则无直接联系。

"色"，就人体而言，指肤色，或黑或白，且有无光泽，古人认为，

"色"与"气"的关系是流与源的关系，"色"来源于"气"，是"气"的外在表现形式，"气"是"色"之根本，"气"盛则"色"佳，"气"衰则"色"悴。如果"气"有什么变化，"色"也随之变化。古人合称为"气色"。大家知道，人生病，其"气色"不佳，就是"气色"之一说的一种表现。

古人有关"气色"的有两组重要概念：

一是主色与客色。

主色，就是先天之色，自然之色。古人认为，先天之色随五行形相而生而现，且终生不变，五行之色与五行形相对应起来，金为白色，木为青色，水为黑色，土为黄色，火为赤色。这五种颜色是基本的肤色，实际中也会有一些变化，只要与五行形相相配，就是正色，就是吉祥之色。

客色，就是后天之色，随时间变化，四季、晨昏均有不同表现。以客色来定吉凶，自然是随时间、方式、部位而定，没有什么恒定的规律。古人的"气色"，更多的是指这种变化不定的客色。

二是吉色与凶色。

吉凶祸福是古代预测学要预知的重要内容，是阴阳学的价值指向。吉色与凶色又称正色与邪色，吉色代表吉祥顺利，凶色兆示凶险恶祸。合五行之色的为吉，不合为凶。主要依据五行肤色而定。客色则依十二地支所在部位而定。

"大命固宜整齐"，意指人的智慧福泽应当比例均衡，不宜失调。如果失调，不平衡，则智者往往早夭，福者往往庸愚，这种状态自然谈不上好命。"小运亦当亨泰"，亨泰在《周易》中有"元亨利贞"之说，泰

有"天交地泰"之名，亨泰就是吉利顺畅之义，意思是说小运流年如应顺和通泰，方才是好。如果小运偏枯晦滞，也易早夭，或元气不足，难当福贵。犹如有钱却不会花之人，守着巨大财富，却享受不到人生富足的乐趣。

气色旺，自然有光泽闪烁。曾国藩用了两个比喻来说明这个问题。珠玉自比瓦砾珍贵百倍，因为它有闪烁悦目之光焰，如果失去了美丽的光泽，与瓦砾还有多少区别呢？丝绸绵织，如果失去它明艳光滑的色泽，与平常的葛布又有多少区别呢？人之气色旺，则有光泽。失去光泽，还能说气色旺吗？那么其人之命运自不可言"好"了。

古人认为，"气色"对人之命运有非常重要的影响，从大处说，可推测一生的祸福；从小处讲，也能主三五个月的吉凶。大处者，是与生俱来，不会轻易变化的；小处者，是临时而发，随时而变，或明或暗，变动不居的。因此，曾国藩说"大者主一生祸福，小者亦三月吉凶"。

"气"为"至精之宝"，与人的健康状况和命运的蹇滞顺畅息息相关，由"气"能知人命运；"气"又有人心人性的指示作用，由人之"气"能看出人的性格优劣和品德高下，即"气乃形之本，察之见贤愚"。

气色与命运息息相关

人以气为主，于内为精神，于外为气色。

气是一个人自身生存和发展的主要之神，对内在的生命表现为人的精神，外在形式表现为人的气色。

人以气为自身的主宰，气在内体现为人的精神，在外表现为人的气色，人一生的气色变化是："少年时期气色纯而薄即气稚色薄，青年时期气色光而洁即气勃色明，壮年时期气色丰而美即气盛色艳，老年时期气色朴而实即气实色朴。"有贯穿一年的气色如"春季气色宜青，夏季气色宜红，秋季气色宜黄，冬季气色宜白。"就是这种气色。也有贯穿一个月的气色，如"朔日之后如枝叶盛发，望日之后则若隐若现。"就是这种气色。还有贯穿一日的气色，如"早晨气色开始复苏，白天气色充盈饱满，傍晚气色渐趋隐伏，夜间气色安宁平静。"就是这种气色。

气色这一概念在传统文化中是非常重要的。气与命相对，色与运相配。要注意的是，"命运"一词当是"命"与"运"的合称，"命"是先天生成的，不易改变，"运"是后天的，有可能改变。古人把人分

为多种，有"命"好"运"佳者，此为上上者；有"命"好"运"不佳者，主一生有成，但非常不顺利；有"命"不好但"运"佳者，主一生顺利，但成就不会太大；有"命"不好"运"不佳者，则一生坎坷，终无所成。

"气"，在中国古代文化中是根基，也是很重要的一个概念。气功中讲求"气"，围棋中也有"气"之一说。围棋中如果棋子无"气"，意味着该子已死亡，应从棋盘上拿走。

气功中讲求"气"的修炼和运行，气不存，自然无功可言。

古人认为，人禀气而生，"气"有清浊、昏明、贤鄙之分，人有寿夭、善恶、贫富、贵贱、尊卑的不同，这些由"气"能反映出来。气运生化，人就有各种不同的命运和造化。

"气"旺，则生命力强盛；"气"衰则生命力衰弱。生命力旺盛与否，与他日常行事的成败有密切联系，生命力不强，难以夜以继日顽强地与困难作斗争，自然难以成功。生命力旺盛，则能长期充满活力、精神焕发，是战胜困难，取得成功的必要条件。但是"气"的旺衰，与人之好动好静并不一样。好静好动与性格有关，与"气"则无直接联系。同时应注意，有的人"气"躁，其人好动，"气"沉，其人好静，那个"气"与这儿所讲的"气"不是一回事，应区分。

曾国藩在《冰鉴》里认为，人以气为主，气在内为精神，在外为气色，把气与色看作表里性的一组概念。更重要的是，从气色的重要性，存在形式和类型角度来说明气色变化不定，在观察气色时应持变化的观念，不能作机械式的判断。

"人以气为主"，是说"气"对人非常重要。处在主宰、根本的地位；

"于内为精神，于外为气色"，是说"气"有一内一外两种存在形式，内在存在形式是"精神"，外在存在形式为"气色"；换句话说，观察"气"，既要观察内在的"精神"，又要观察外在的"气色"，这两句话实际上指出了观察"气"的门径，也指明"精神"与"气色"的实质。

在古人的认知中，"气色"是分为"气"和"色"两个概念的。刘邵在《人物志》一书中就把"气"和"色"分开来识别人才。

他认为，"躁静之决在于气"，即通过一个人"气"的观察，可以看出他是好动型的或是好静型的，因为气之盛虚是一个人性格的表现，气盛者则其人好动，气虚者则其人好静。

通过对一个人声音的识辨，也可以识人："夫容之动作，发乎心气，心气之征，则声变是也。夫气合成声，声应律吕：有和平之声，有清畅之声，有回衍之声。"其意思说，外表的动作，是出于人的心气。心气的象征又合于声音的变化。气流之动成为声音，声音又合乎音律。有和平之音，有清畅之音，有回荡之音。

古代善于识人者，往往能够从成败之外看到人才的长处，这是最难能可贵的。而庸人却只能以成败论英雄，如此一来，必然会错失人才，如未显达时的管仲、张良。管仲在未佐齐桓公时，什么都不成功；张良未遇刘邦时，刺杀秦始皇也不成功。这是因为事情的成功会受到许多偶然因素的干扰，运气好时，瞎猫也能撞上死耗子。运气不好则天才也难成功。观察人才的办法，应仔细考察做事的方法和手段，即便他这次未成功，但可以知道他的特点，是胆大心细？是计划周密？还是凭偶然性完成了这项任务？计划周密、胆大心细的人，即便这次不成功，下次也会成功。有的人才能很高，只因为时机不成熟，才能一直得不到发挥，如果只以成败论英雄，就很难真正发现有才能的人。

古代将帅用人，着重考察人物的心性才能，不要待他把事做定之后再下结论，只持初端就可做判断。许多成功者在事情还未完成之前，就已经潇洒自如，胸有成竹。在进行中就能信心十足的把握住未来的发展方向，那即使有困难，有压力，但心中分寸已经安定，会有挥洒自如的外在表现和乐观的信心，以这种心态来引导事业，其前景是可以期望的，而愚才做事之前，却没有雄心，使人提心吊胆、惴惴不安。这也是观时识人所必须掌握的。

人才自古不嫌多，其中大半都未识。从前太冥主宰不周山，河水冲进那的山洞里，山石将要裂开了，老童走过这里便为之担心，并告诉太冥说："山将要崩裂了。"太冥听了大怒，认为这是妖言。老童过去又把这话告诉了太冥的侍臣，侍臣也大怒道："山怎么能崩裂呢？只要有天地，就会有我们的山，只有天崩地裂，山才会崩裂！"便要杀害老童，老童惊愕而逃。不久共工用头触那山，山的主体都像冰一样崩裂开了，太冥逃走，后来客死于昆仑山的废墟，他的侍臣也都失去了他们的家园。太冥在危时不能识人于忠，终于得到了应有的下场。

当然，聪明的领导者一般都能够随时随地了解人的特性并识之、用之，如曾国藩在长沙学习期间，与郭嵩焘、刘蓉深交。任京官时，又广交友朋，以文会友。如吴竹如、窦兰泉、冯树堂、吴子序、邵意西等友人，这些人才后来都成了他的幕府中的重要人物。他在礼部复试时，因欣赏"花落春仍在"的诗句而识拔了俞樾，又在朝考阅卷时看广了陈士杰。后来，他们对曾国藩时"事业"都有过很大的帮助。

因此，正如他所说"今日所当讲求者，唯在用人一端耳"站在治国

兴邦的高度，人才是关键问题，而当时的官吏在用人过程中大多退缩、琐屑、敷衍，"但求苟安无过，不求振作有为，将来一有艰巨，国家必有乏才之患。"可惜天下英才处处埋没，不亦痛乎？

观色识人法

原典

有终身之气色，"少淡、长明、壮艳、老素"是也。有一年之气色，"春青、夏红、秋黄、冬白"是也。有一月之气色，"朔后森发，望后隐跃"是也。有一日之气色，"早青、昼满、晚停、暮静"是也。

译文

气色有多种形态，有贯穿人的一生的气色，就是"少年时期气色纯清稚嫩，青年时期气色勃兴光洁，壮年时期气色旺盛丰美，而老年时期则为朴实平和"。有贯穿一年的气色，就是"春季气色为青色——木色、春色，夏季气色为红色——火色、夏色，秋季气色为黄色——土色、秋色，冬季气色为白色——金色、冬色"。有贯穿一月的气色，就是"每月初一日之后如枝叶盛发，十五日之后则若隐若现"，有贯穿一天的气色，就是"早晨开始复苏，白天充盈饱满，傍晚渐趋隐伏，夜间安宁平静"。

人一生要经历漫长的路程，大致说来有四个时期：幼年时期、青年时期、壮年时期、老年时期。在各个阶段，人的生理和心理发育及变化都有一定差异，有些方面甚至非常显著。表现在人的肤色上则有明暗不同的各种变化。

人的生理状态和情绪，常常随季节和气候的变化而变化，而这种内在变化就会引起气色的变化，所以随着季节不同、气候变化，人的气色也不同。所谓"春青、夏红、秋黄、冬白"，是取其与四时气候相应所做的比拟。应该说，这种比拟颇为准确。

春季，草长莺飞，百花盛开，绿色遍野，春情萌发，人类的生存欲望，此时最为强烈。按照五行之说，春属木，木色青，于人则为肝，春季肝旺，所以形之于色者为青，青色，生气勃勃之色也。

夏季，赤阳高照，天地为炉，人类的情绪，此时最为激动。五行上夏属火，火色红，于人则为心，心动则气发，气发于皮肤呈红色。

秋季，风清气爽，天高云轻，万木黄凋，人类受此种肃杀之气的感染，情绪多凄惶悲凉。秋属金，金色白，"金"为兵器，"白"为凶色，虽然得正，却非所宜。宜黄者，以土生金，不失其正，而脾属土，养脾以移气，所以说"秋黄"。

冬季，朔风凛冽，侵入肌骨，秋收冬藏，人类生活，此时趋于安逸，冬属水，水色黑，于人则为肾，肾亏则色黑，不过其色虽得正，却非所宜。宜白者，以金生水，不失其正，而固肾以养元。

"一月之气色"，随月亮的隐现而发，初一之日后，气色如枝叶之生发，清盛可见，十五之后，气色就若隐若现，如月圆之后，渐渐侵蚀而

消失。

"一日之气色"，则因早、中、晚气候的变化而有小范围的变化，大致上是早晨气色复苏，如春天之草绿；中午气色饱满充盈，如树木之夏茂；傍晚气色渐隐渐伏，如大地之秋黄；夜间气色平静安宁，即秋收冬藏之意。

观色识人法的记载还见于刘劭所撰《人物志·八观篇》："所以忧惧害怕的颜色大都是疲乏而放纵，热燥上火的颜色大都是迷乱而污秽；喜悦欢欣的颜色都是温润愉快，愤怒生气的颜色都是严厉而明显，嫉妒迷惑的颜色一般是冒昧而无常。所以一个人，当其说话特别高兴而颜色和语言不符时，肯定是心中有事；如果其口气严厉但颜色可以信赖时，肯定是这个人语言表达不是十分畅敏；如果一句话未发便怒容满面时，肯定是心中十分气愤；将要说话而怒气冲冲时，是控制不了的表现。所有上述这些现象，都是心理现象的外在表现，根本不可能掩饰得了，虽然企图掩饰遮盖，无奈人的颜色不听话啊！"

"色"还是一个人情绪的表现，"色"愉者其情欢，"色"沮者其情悲。也有不动声色之人，需从其他角度来鉴别他们的情绪状态。

"色"的含义比较广泛，它是一个人的气质、个性、品格、学识、修养、阅历、生活等因素的综合表现，与肤色黑白无直接联系。

另外古人还有一种通过察言观色辨别君子小人的办法，大家也可以简单地了解一下：

喜怒不形于色，宠辱不惊于身；处危难之际而仍然能够性情闲适畅朗，听到赞誉或诋毁时能够颜色不变，以天下之兴衰治乱为己任，先天下之忧而忧，后天下之乐而乐，这样的人是高居上位的君子；愤怒而不至于放肆，得意而不至于忘形，从不猜测将来人生、事业的得失取舍，更不因此而忽喜忽怒；不揣度未来己身的荣宠和耻辱，更不因之欢欣忧戚，这样的人是身居下位的君子；喜怒哀乐都由感情，恩人仇人界线分明，喜欢玩弄权术欺上瞒下，固执迂腐，骄傲放纵，喜欢同类、排斥异己，患得患失，色厉而内荏，羞于谈及自己微贱时的小事，害怕别人提及自己未发达时的经历，这样的人是在上位的小人；一有风吹草动就惊慌失措，遇到事情就慌里慌张，风风火火，喜欢卖弄自己的长处，害怕提及自己的缺点，附和自己就十分欢喜，反对自己就愤怒非常，想到自己可能荣华富贵就神思飞扬，将要升至高位时便颜色大变，这样的人，是身居下位的小人。

人的各种感情总会在外部有所流露，即使想隐瞒也不会完全瞒得住，因此还是可以通过外部表情了解一个人的思想的，除了少数心计很深的阴谋家和喜怒不形于色的人之外，对多数人都可采这种观察办法。在我们的日常生活中，我们不妨学习一点察言观色的技巧，这对我们的生活来说，是相当有益的。

判别人的气质

原典

科名中人，以黄为主，此正色也。黄云盖顶，必擢大魁；黄翅入鬓，

进身不远；印堂黄色，富贵逼人；明堂素净，明年及第。他如眼角霞鲜，决利小考；印堂垂紫，动获小利；红晕中分，定产佳儿；两颧红润，骨肉发迹。由此推之，足见一斑矣。

译文

　　对于追求科名的士人来说，面部气色应该以黄色为主，因为黄色是正色、吉色。如果有一抹黄色的彩云覆盖在他头顶，那么可以肯定，这位士子必然会高中状元；如果两颧部位各有一片黄色向外扩展，如两只翅膀直插双鬓，那么可以肯定，这位士子封爵受禄已经为期不远；如果命宫印堂呈黄色，那么可以肯定，这位士子很快就会大富大贵起来；如果明堂部位即鼻子白润而净洁，那么可以肯定，这位士子必能科考入第。如果眼角即鱼尾部位红紫二色充盈，其状似绚丽的云霞，那么可以肯定，这位童子参加小考，必然能够顺利考中；命宫印堂，有一片紫色发动，向上注入山根之间，那么可以肯定，此人经常会获得一些钱财之利；如果两眼下方各有一片红晕，而且被鼻梁居中分隔开来从而互不连接，那么可以肯定，此人定会喜得贵子；如果两颧部位红润光泽，那么可以肯定，此人的亲人必然能够立功显名。由此推而广之，一个人的面部气色与他的命运之间的关系就可以窥一斑而知全豹了。

　　《逸周书·官人》认为："民有五气：喜、怒、欲、惧、忧。喜气内蓄，虽欲隐之，阳怒必见；欲气、惧气、忧悲之气皆隐之，阳气必见。五气诚于中，发形于外，民情不可隐也。"

它说明，人的各种感情总会在外部有所流露，即使想隐瞒也不会完全隐瞒得住，因此还是可以通过外部表情了解一个人的思想的，除了少数心计很深的阴谋家和喜怒不形于色的人之外，对多数人都可采取这种观察办法。

曾国藩指出："诚智必有难尽之色，诚仁必有可尊之色，诚勇必有难慑之色，诚忠必有可亲之色，诚洁必有难污之色，诚静必有可信之色。"智、仁、勇、忠、洁、静等几种优秀品德在表情上都能看出来。"质浩然固以安，伪蔓然乱以烦。虽欲改之，中色弗听，此之谓观色。"有浩然正气者其表情总的说来都显得稳固安然，弄虚作假者其表情总的说来都显得杂乱烦躁，脸色发黄。有人虽然竭力想用假象隐瞒真实的感情，但又不是很容易做到的，因此观色还是有一定作用的。

孟子曾提出一种"观眸观察法"，即通过观察一个人的眼睛了解一个人的真实思想。他说："存乎人者，莫良于眸子。眸子不能掩其恶。胸中正，则眸子了焉；胸中不正，则眸子眊焉。听其言也，观其眸子，人焉瘦哉？"他认为一个人的眼睛最能反映一个人心里在想什么，意思是说眼睛是心灵的窗户。一个光明正大，心地无私，眼睛必然明亮，目光必然有神；一个人如果做了亏心事，一般都不敢正眼看人，眼神自然不正。在听一个人讲话时，注意观察他的眼神，就可以判断是非真假。

姜尚的八征法其中第八征即"醉之以酒，以观其态。"让其喝醉酒，看他酒后表现如何。酒后吐真言，酒后失固态，一般能反映一个人的真实思想。

《吕氏春秋·论人》篇提出了一种"六验"法，即设置了六种不同的条件观察一个的表情和表现："喜之以验其守"，让一个人兴奋，看他

能否坚守一种信念，会不会出现得意忘形的情景。"乐之以验其癖"，使其娱乐，考验他有什么怪癖的毛病，比如是否喜欢酒肉，喜欢金钱美女，游玩享乐等。"怒之以验其节"，使一个人发怒，看他能否控制自己。"惧之以验其持"，设置一种恐惧的场合，看他是否有胆量，是否临危不惧。"哀之以验其仁"，让他处于悲哀的情况下，看他是否有真情实意。"苦之以验其志"，使他处于艰难困苦的情况下，看他是否坚持自己的志向。这是一种反馈观察法，即放一个试探气球，看一个人在各种情况下的表现，可以看出一个人的真实思想品质。这是一种人为的考验，我们并不提倡，但在不同情况下观察一个人的表现还是可取的。

一个人的气质和他的行为有着密切的关系，气质常常决定一个人行为的方式，而行为又表现为与气质相吻合的特征。我们常说，一个人气质高雅，这就意味着这个人在绝大多数时候他的举止行为是无可挑剔的。

判断别人的气质，对于合理调配人的行为规范有重要影响。我们在用一个人时，总要问这个人气质如何？中国古代医学家虽未直接提出气质学说，但曾按人好动或喜静的程度分为六型，即好动的太阳型，少阳型；喜静的太阴型，少阴型，和动静适中的阴阳和平型，不稳定型等六型，这六类气质的人，可分别担任于一定性质的工作，例如：

（1）太阳分高型：傲慢、自负、主观、冲动、有野心，不顾是非、暴露易怒、不怕打击、勇敢激昂、有进取心、坚持自己的观点，敢顶撞。适合做冲锋队长。

（2）少阳分高型：好为外交而不内附、敏捷乐观、轻浮易变、机智、动作多、随和、漫不经心、喜欢谈笑、不愿静而愿动、朋友多、善交际、喜文娱乐活动、做事不易坚持。适合做公关工作。

（3）太阴分高型：外貌谦虚、内怀顾忌、考虑多、悲观失望、胆小、阴柔寡断、与人保持一定距离、内省孤独、不愿接触人、不喜欢兴奋的事、不务于时、保守动而后之。适合做会计保管员。

（4）少阴分高型：冷淡沉静，心有深思而不多露、善别是非、有节制、警惕性高、柔弱、做事有计划、不轻举妄动、很谨慎、稳健。适合做政客。

（5）阴阳和平高型：态度从从容容、尊严而又谦虚谨慎、有条不乱、喜怒不形于色、居处安静、不因物感而时有喜怒、无私无畏、不患得患失、不沾沾自喜忘乎所以、能顺应事物发展规律，是一种有高度适应能力的性格。适合做全面工作。

（6）不稳定分高型：性格不稳定、变化大；时而冲动、时而怕事；忽而野心勃勃，突然又悲观失望；持续时间与是否交替出现都不一定，不适合做任何事。

用人之道，不仅在于重视用人，而且在讲究信用。重视人才、知人善任与讲究信用都是成功事业的必不可少的客观条件。如果不能重视人才和知人善任，人才本身再有能量，也难以发挥。既要用，又对人家不放心，不信任，那么纵然有九牛二虎之力，有诸葛孔明之智，也无法使其才华施展。

聪明的领导对于长期在本公司工作的人，根据他们的能力，在一定时期内就会给他们晋升或加薪；对于那些从别的单位吸收进来的人员，亦根据他们的技能予以重用，没有歧视表现。如此才能使全体员工产生归属感，并为本公司效力。

楚汉相争时，楚人季布，行侠仗义，在楚很有名气。有个名叫曹邱的人，常用重权获取钱财，季布很看不起他。曹邱拜访季布，季布不理他。曹邱便说："楚人常言'得黄金百，不如季布一诺'。你在梁、楚一带名声如此之大，这都是我替你到处宣扬的结果啊！而你为何却要拒绝我呢？"季布听了，非常高兴，便把他当作上宾来招待。临走时，季布还送了一份厚礼。后来曹邱继续替季布宣扬，季布的名声也就越来越大。

"一诺千金"就是由此而来的。作为一种赢得被统御者信任的艺术，它在统御谋略中有重要的位置。战国时，商鞅采用一诺千金的办法招揽人才，并在诸侯中树立了威信，使国家日益强大，这就是一诺千金，则众望所归的例子。